生き延びるための女性史

遊廓に響く〈声〉をたどって

山家悠平
Yambe Yuhei

青土社

生き延びるための女性史　目次

生き延びるための女性史

遊廓に響く〈声〉をたどって

凡例

・歴史史料の引用にあたっては、新字・新かなで統一し、代名詞・副詞等に用いられている一部の漢字をかなに改めた。
・送りがなは原則として原文のままとし、句読点は適宜整理した。
・「 」内の末尾に付された句読点は削除した。
・当時の時代背景や史料としての意義に鑑み、現代から見れば不適切と思われる表現もそのまま残した。

はじめに 〈声〉をたどる

ひとりひとりの体にそれぞれの物語と歴史がある。[*1]
――ロクサーヌ・ゲイ

亜熱帯の焼けつくような日差しの下、車は軽快に厦門《アモイ》の東海岸を走り抜ける。真っ青な海のむこうに緑の木々におおわれた島影が見えた。金門島ですよ、と運転している友人がいう。大陸にもっとも近い台湾領の島だ。中国と台湾の緊張が高まった時期には、お互いに巨大なスピーカーで、プロパガンダ放送から歌謡曲まで流していたとも教えてくれた。

＊1　ロクサーヌ・ゲイ『飢える私――ままならない心と体』野中モモ訳、亜紀書房、二〇一九年、六頁。

"あたし達も新體制"
喜樂の麗人連〜二十餘名〜
神社敷地内の淸掃作業

「あたし達も新體制」と、市内大中路カフエー喜樂の麗人二十數名は互ひに額を突き合せて協議をした、その結果，彼女等に最も相應しい行事，即ち廈門神社敷地々域内植樹附近の雜草摘み取りこれである、紅燈綠酒の中を泳ぐ彼女等のさうした決心如何に？と記者は昨六日午前十時頃同地點に赴いた、確か來てゐると聞いてゐた彼女等の姿が見えない，さては騙されたな!!と思ひ乍らも坂道に沿ふて登つて行く　初秋と云ふのに未だ陽射しが鋭い、恰度神社敷地の異枝に差し掛つた時，俄かに金切聲のはずんだのが耳に入る、居つた!!

二十名ばかりの麗人が小さく蹲まつて甲斐々々しく雜草をむしり取つてゐる姿……直ちに石段をかけ登り、手つ取り早くレンズを向けた

「御苦勞さんですね」世辭に對して、彼女ら……「台灣護國神社の御石も近日中採取しますよ」とは殊勝！々々！

図 1　『全閩新日報』1940 年 9 月 7 日

車は更に海岸線を北上し、広大な工事現場のような一帯を走り抜ける。大きなマンションを建てているのか何台もクレーンが見えた。友人は、またていねいに事情を説明してくれる。戦争の危機が近かったころ、この海岸には建物が建てられなかったらしい。それから、クレーンを横目で見て言葉を続ける。――日本軍がきたときに、住民がたくさん殺されたので、厦門のひとは心情的にこっちを避けるんですよ。

泉州出身のその友人が「厦門のひと」と少し距離をおいて語るのが印象に残った。主語を明確にしない語り口は、かつての侵略者の国からやってきたわたしへの気遣いなのかもしれない。その言葉をきいたときに、たくさんのひとが殺されるというリアリティをうまくイメージできたとはいえない。死者たちは、はるかに彼方にあって、わたしは亜熱帯のむせかえるような熱気と、豊かな自然にすっかり目を奪われて

いた。
海岸沿いのブーゲンビリアは美しい薄紫の花を咲かせ、大学の教員宿舎の窓からは背の高い木綿花の木に咲き乱れる真っ赤な花が見えた。風が吹くたびに、潮のにおいとどこか果実のくさったような甘い香りが漂う都市。それでも、榕樹の地上根が風に揺れる細い街路を歩き抜けて、ひとたび街にでるとコロニアル様式の建物群や鐘楼が、この街がたどってきた歴史を物語っているようにも感じた。生活するなかで、意識は自然と過去にむいていった。

占領下の厦門で発行された『全閩新日報』を見ると、八〇年前の街やひとが目に飛び込んでくる。一九四〇年九月七日の紙面は、「あたしたちも新体制」という見出しで、厦門の繁華街で働く女給たちによる厦門神社の雑草抜きを報じている（**図1**）。

当時、日本人むけのカフェーや食堂が建ち並んでいたという大中路の「カフェー喜楽」で働く女給たちは、白や花柄の旗袍《チーパオ》という、およそ草むしりには適さない格好をしている。まだあどけない顔立ちをした女性たちは二〇代前半くらいだろうか。その記事は、総力戦体制のために近衛内閣が掲げた新体制運動に、中国に飛び地のように広がる占領地で働く女給たちもまた組み入れられていたことを示している。わたしは、観光客で賑わう大中路を歩きながら、その女性たちのことを想像する。戦災にあわなかった厦門の中心部には当時の建物がほぼそのまま残っていて、おそらく「カフェー喜楽」も大中路に立ち並ぶ、強い日差しに退色したビルディングのどこかに入っていたのだろう。女性たちが写っている厦門神社の跡地には、いまは一対の狛犬と石段だけが残っていた。帝国の「辺境」の占領地で日本人相手に働く女給たちという、二重にも三重にも周縁化された、記事では名前も書かれていない女性たちは、日本の敗戦後、どこにいったのだろう。

　五月には、空襲警報のようなサイレンが街中に鳴り響いた。だれかが、あれは日本の占領を忘れないために鳴らしているのだと教えてくれた。夜に部屋で、つながりにくいインターネットの海をさまようと、情報はすぐにみつかった。一九三八年五月一〇日の午前三時、厦門の北東の海岸から日本の海軍第五艦隊が上陸した。四日間の戦闘のあいだに、一八万の島民の多くは島外に脱出したが、それでも数千名の死傷者が出たという。[*2] ああ、これが友人のいっていたことだ――。犠牲者が埋められた万人壕跡地の近くには、慰霊のモニュメントがあり、黒い石版にはそこで亡くなったひとたちの名前が刻まれている。画面に写る文字を目で追う。

　――女工、遭日軍殺害（日本軍によって殺害された）――女工、被指為間諜遭刑吊到死（スパイの嫌疑で絞首刑になった）――。リストは延々と続く。現地メディアの『厦門晩報』が二〇〇五年に厦門の戦争犠牲者の調査をはじめて以来、現在まで一一八四名の名前が判明しているとサイトにはあった。辞書を引くと「遭」という動詞は日本語の「遭遇」の「遇」と同じ意味だが、なにか不幸なことに出くわしてしまう、という意味も含むという。すぐには理解できない言語で書かれた文字をたどるなかで、はじめてこの島のひとが経験しなければいけなかった不条理な「死」のイメージが少しだけ近づいてきた。そこに刻まれた名前のひとりひとりに固有の生があり、しかし、それは日本軍との不幸な遭遇によって突如断ち切られてしまった。かの女たち／かれらの生はそこで途切れるが、その死は生き残ったひとによって伝えられる。そこでは、歴史とはその土地に響いている〈声〉のようなものかもしれない。泉州で生まれた友人もだれかから伝えられ、そして、その語りがわたしまで届いたように。

ふと、台湾の小説家李昂《リー・アン》による、女性革命家謝雪紅《シェシュエホン》（一九〇一―七〇）の伝記小説『自伝の小説』（国書刊行会、二〇〇四年）の印象的な場面を思いだす。台湾の深い山のなか、霧社事件の現場に残る空気がつぎのように描写される。

わたしたちは緑の森の海を泳ぎながら、あらゆる生気が絶滅し、昆虫鳥獣さえも消え去った死の静寂の中にいる。その曲がり角、あの大木の影で、深い溜め息が途切れることなく続くのは、おそらく彼らがわたしたちを待っているからなのだろう。長い歳月積もり積もった嘆息の恨みは深く、わたしたちは急いで進もうとするのだが、ようやく抜け出せたと思いきや、ひとたび足を止めると、溜め息が再び聞こえて、さながらわたしたちが彼らを待ち伏せ

＊2　一九三八年の日本軍の侵攻に関する情報はつぎのウェブサイトを参考にした。なお、引用にあたって簡体字は日本の常用漢字に修正した。厦门所见所闻「厦门五通万人坑纪念碑，还原历史，记录了当年日军惨绝人寰的恶行」https://baijiahao.baidu.com/s?id=1647381040313601500&wfr=spider&for=pc（二〇二三年五月二五日閲覧）。

しているかのよう。*3

同作は、伝記の中心人物である謝の一人称の〈わたし〉、謝と同郷の三伯父（父の三番目の兄）による家父長制的な語りを回想する〈わたし〉、おもに現代の視点から台湾という土地で生きる女性としての経験や記憶を語る〈わたしたち〉など、複数の〈声〉が重層的に響きあう小説である。ここでの語り手の〈わたしたち〉の視点は現代にあり、植民地時代に日本人によって編集されたガイドブックを持って霧社を訪れ、その土地に響く死者たちの溜め息をきく。死者たちの溜め息（それもまた声にならない声であろう）は〈わたしたち〉を待っている。しかし、ここでは死者たちは一方的に働きかけてくるのではなく、〈わたしたち〉もまたその場所で「待ち伏せしているかのよう」と描かれる。つまり、その場所で足を止めるとき、はじめて死者たちも溜め息をはきだすことができるのだ。

歴史のなかの死者たちの〈声〉は、そのように、その土地や、そこに暮らす人びとの、日常的な語りのなかに息づくものであると、厦門での生活のなかで知った。それはわたしがそこに足を止めたことで、はじめて響いてきた〈声〉だった。

パンデミックの時代がきて、厦門を離れてから、とりつかれたように身体に響いてきた〈声〉を描きはじめた。やがて、それは日本占領下の厦門に生きる女性たちの生とセクシュアリティをめぐる物語になった。

厦門という、いまや遠くなってしまった土地の話から書きはじめたのは、そこでの生活がわたしにとって、女性史を研究するということと、自分自身が生きるということがはじめてしっかりと交差する経験としてあったからである。「生き延びるための女性史——遊廓に響く〈声〉をたどって」と名付けられたこの本には、ひとことでいうとわたしが肌感覚とでもいうべきものをとおしてききとった無数の〈声〉が文章という形になって収録されている。〈声〉はいま見たように生活の現場であった厦門できいたものもあれば、はるか昔の史料のなかに響く、比喩的な意味での〈声〉もある。

厦門を訪れる前から現在にいたるまで、わたしがかかわっている女性史とは、いわゆる歴史学が公的領域の男性についての歴史叙述になっているという批判意識から、過去の女性たちの活動や経験に焦点をあてた歴史研究のことである。そのなかでもわたしは、日本の近代公娼制度下の遊廓で生きた女性たちの研究をしている。近世をとおして形作られた遊廓は、人身売買禁止を建前とする明治政府によって近代公娼制度、いわば国家公認の管理売春制度として再編された。「自由意志」で働きたい女性については「救貧」のために許容する、という欺瞞的な説明のもとで、遊廓は貸座敷という名称に変わったが、そこで働く女性たちのほとんどは前借金による拘束と楼主や警察による監視で自由な外出すら難しい状況に置かれていた。

従来、女性史研究では、遊廓の搾取や過酷さに光があてられ、そこに生きる女性たちは「犠牲

＊3　李昂『自伝の小説』藤井省三訳、国書刊行会、二〇〇四年、一九六頁。

者」として一面的に表象される傾向が強かった。しかし、わたしが遊廓のなかの女性たちを中心にして研究をすすめるなかで見えてきたのは「犠牲者」というイメージには収まらない、複数のアイデンティティを生きる女性たちの姿だった。遊廓のなかには、底辺女性労働者の仕事を転々とするなかで娼妓になった女性や、幼少期に片親を失い弟や妹を養うために芸娼妓紹介業者を訪れた女性、半ば騙されるように親元から売られた女性、植民地出身の女性、いったん廃業したものの世間の差別のために舞い戻った女性など、さまざまな女性たちがいた。それらのいくつものアイデンティティが交差する地点に女性たちの生はあり、その経験を語る〈声〉をききとるためにはインターセクショナルな視点が不可欠だった。

女性たちの多様な生に目をむけると、それまで歴史研究で描かれたことのない〈声〉が響いてくるように感じた。博士過程の日々に見たマイクロフィルムの古い新聞記事には、困難な状況にあってもストライキや新聞への告発によって状況改善を求めた遊廓のなかの女性たちの言葉が断片的であっても残っていた。それは遊廓の不条理を訴える、怒りや苦しみの声であり、生き延びるためのエネルギーに満ちた声でもあった。それと同時に、遊廓での日常を語る当事者の言葉からは、張見世で本を読んだり、朋輩とかるたをしたり、冗談をいいあったり、廃業後の仕事について考える、生活者としての女性たちの姿が浮かび上がってきた。その発見は、初の著書である『遊廓のストライキ――女性たちの二十世紀・序説』（共和国、二〇一五年）にまとめられている。本書に収録されているのは、それ以降の二〇一五年から二〇二三年にかけて書かれた文章である。

この本は三部構成である。

第一部「生活を形作るさまざまな〈声〉」には、雑誌『現代思想』に掲載された文章が集められている。第一章の論考「たったひとりにさせない／ならないために――危機の時代の分断をこえて」は、二〇二〇年に寄稿したものである。コロナパンデミックについて、女性史や中国滞在経験なども含めて書いてほしい、という相当にアクロバティックな原稿依頼を受けたときは、どうして感染症をめぐる社会史の専門家でもないわたしなのだろう、と思ったが、書き上げてみれば自分自身の研究とも生活のリアリティとも重なるテーマであると気がついた。

この文章では、パンデミックがはじまった当初の入口の危機感が鮮明に表現されている。わたし自身が大学非正規労働者としてかかえてきた生きがたさや、女性史でふれてきた証言は、「ステイ・ホーム」という一見だれにとっても疑義を呈しにく標語の裏側にある、無数の分断やマジョリティの傲慢さに目をむける手がかりになった。仕事を休むと生活もままならない非正規労働者や、家に居場所がなく街に逃れた子どもが、ウイルスの媒介者とみなされるような社会は絶対にまちがっている、そんな確信のなかで書いた。いまやあっというまに歴史になりつつあるパンデミックという時代の、手ざわりをまず確認しておきたくて、実際の発表順とは異なるが本書の冒頭に置くことにした。

イタリアの作家パオロ・ジョルダーノは、二〇二〇年三月にコロナの時代の入口に立って、「数々の真実が浮かび上がりつつあるが、そのいずれも流行の終焉とともに消えてなくなることだろう。もしも、僕らが今すぐそれを記憶に留めぬ限りは」[*4]と書いた。わたしもそう思う。ここに書かれているのは、わたしたちが圧倒的な分断の時代を生きているという認識である。それは危機の時代をへて改善されることもなく、より一層破滅的な様相を見せている。第一部には、わたしたちが常に立ち戻り問い続けなければいけないこの社会をめぐる問題が通奏低音のように響いている。

第二部「遊廓のなかに響く〈声〉」には、遊廓のなかで〈読む〉ということと、遊廓の生活を〈描く〉ことをめぐる論考を集めた。一般的にはほとんど知られていないことだが、内藤新宿遊廓で働く和田芳子が『遊女物語――苦海四年の実験告白』(文明堂、一九一三年)を書いて以降、遊廓のなかを生きた当事者による本が断続的に発行されている。労働運動の高揚期である一九二六(大正一五)年には遊廓のなかからの告発が相次ぎ、同年に労働運動家の支援のもとで廃業した森光子や松村喬子はのちに遊廓での体験を手記や小説という形で発表した。この本は、これまで女性史研究でも文学研究でも取り上げられてこなかった、それらの当事者の自己表現についてのはじめてのまとまった研究でもある。

第三部「響きあう〈声〉」には、女性たちの〈声〉がどのように響きあい、つながっていた(いく)のかを描きだす文章を集めた。女性史とは、史料のなかに断片的に響いている〈声〉をつないでいく実践でもある。そこでは〈声〉をきくことは受動的な行為ではなく、その場に参加して、その語りが生み出す変化を感じ取ることである。ここでは、わたし自身が女性史叙述の方法をみつけていった過程と、研究のなかで出会った無数の〈声〉が、どのようにして小説という新たな表現にむすびついたのかということについてはじめて書いた。

いつのまにか女性史研究者や小説家と名乗るようになっていたわたしが、歴史や物語を書くことにどうして関心を持ったのかあまりはっきりとは思いだせない。バージニア・リー・バートンの『生命のれきし』を繰り返し読んでいた幼少期かもしれないし、あるいはアーシュラ・K・ル＝グウィンの『ゲド戦記』に描かれた多島海《アーキペラゴ》をめぐる壮大なクロニクルにひかれた一〇代のはじめかもしれない。

ただ、ひとつはっきりといえるのは、大学でジュディス・バトラーの『ジェンダー・トラブル――フェミニズムとアイデンティティの攪乱』（竹村和子訳、青土社、一九九八年）と出会ったことが、その後の女性史研究とも、ジェンダーやセクシュアリティをテーマにした小説の執筆ともつながっているということである。同書は歴史をめぐる本ではないが、そこで提示された、二元論的な身体という概念自体が文化装置としてのジェンダーによって作り上げられたものであり、つねに変容の可能性のなかにあるという視点は、自分自身の生活も含めて現在という時間を批判的にとらえかえしていく大きなきっかけになった。

繰り返しページをめくるなかですっかりぼろぼろになってしまった『ジェンダー・トラブル』をいま開きながら、この本を世のなかに送りだしてくれた出版社から、自分の本が出版されると

＊4　パオロ・ジョルダーノ『コロナの時代の僕ら』飯田亮介訳、早川書房、二〇二〇年、一〇八頁。

いうことに静かな喜びを感じている。

この本に響く多様な〈声〉が、生活のなかの小さな疑問をときほぐしたり、いま困難のなかで表現の言葉を探しているひとにしっかりと届くことを心から祈っている。

第一部　生活を形作るさまざまな〈声〉

第一章　たったひとりにさせない／ならないために

危機の時代の分断をこえて

数冊の本と食料を持ち、犬を連れて、どれか一艘に乗って、海まで流れに浮かんでいこう……この長く続く航海を終える前に、湿った洞窟や静かな海底がわたしの住まいとなるかもしれないし、あるいは、一人逆巻く地中海を漂ううちに、疾病の矢に心臓を射貫かれるかもしれない。あるいは、どこか立ち寄ったところで、探しているもの——友——を見つけるかもしれない。

——メアリ・シェリー*1

*1　メアリ・シェリー『最後のひとり』森道子ほか訳、英宝社、二〇〇七年、五二三、五二四頁。

『最後のひとり』（一八二六年）は、『フランケンシュタイン』（一八一八年）の作者として知られるメアリ・シェリーが二八歳のときに発表した、疫病で壊滅する二一世紀末の世界を描くディストピア小説である。トルコからはじまった疫病は、フランス、ドイツ、イタリア、スペインに蔓延し、最後には物語の語り手であるヴァーニーの暮らす島国イングランドに到達する。死は人びとの希望を絶え間なく打ち砕き、ついにヴァーニーだけが誰もいなくなったローマにたどりつく。世界にたったひとりの人間として残されたヴァーニーは、徘徊していた牧羊犬と数冊の本を持って、生き残りがみつかるかもしれないという希望を抱いて航海の旅に出るところで、物語は終わる。

同時代的には酷評されたこの作品を、[*2] 新型コロナウイルスが猛威をふるい政治的混乱が拡大する現代の世界情勢への処方箋として読みなおすこともたしかに可能かもしれない。[*3] しかし、それよりももっとミクロな視点から、この物語のラストシーンをとらえるとなにが見えてくるだろうか。たとえば、現在の状況でヴァーニーの旅立ちがどう論じられるか想像してみる。ウイルスを広げないために、ひとりでそこに留まるべきだと非難されるだろうか。あるいは、生き残った人間に出会って感染しても自己責任だといわれるだろうか。もし旅に出てはいけないとしたら、いつまで誰もいない荒野に留まる必要があるのだろうか。病気に感染する前に食べ物がなくなるか、孤独に耐えられなくなったらどうしたらいいのだろう。いずれにしても物語のなかでヴァーニーは旅立つのだが、このラストシーンが描くのは、ひとはウイルスではなくて生きた人間なのだ、というきわめてシンプルで重要な事実である。[*4]

未知のウイルスへの恐れが広がるなかで、さまざまな状況を生きる人間への想像力が急速に失われ、人間が単にウイルスの媒介者としてしかイメージされなくなることを、いま最も危惧している。

1　問われているのは「社会」である

二〇二〇年三月末、原稿を書きながら、毎日めまぐるしく変わる状況のなかで、たった一ヶ月先であっても、そのときにまだ意味を持つようなメッセージとはなんだろうかと立ち止まることが多い。感染者と死者を示すカウンターが連日爆発的に増加していく黙示録的風景に圧倒される。明日、明後日にも、状況はまるで変わっているかもしれない。

＊2　細川美苗「メアリ・シェリーの『最後のひとり』における政治観」『松山大学 言語文化研究』第三六巻第一号、二〇一六年九月、五六、五七頁を参照。細川は、物語が説明的で長く、イギリスの政治的混乱を描く前半と、疫病による世界の壊滅を描く後半で、テーマに隔たりがあること等を同時代の低評価の原因としてあげている。

＊3　たとえば、Botting, Eileen Hunt, Mary Shelley Created 'Frankenstein', and Then a Pandemic : Her Novel The Last Man Predicted the Political Causes of and Collective Solutions for Global Plague, *The New York Times*, 13 Mar. 2020 という記事。

＊4　フランスではアジア系住民への差別に対抗して「#JeNeSuisPasUnVirus」（私はウイルスではない）というハッシュタグが用いられた。

少し前には、このウイルスで重症化するひとは少ないという毒性の弱さにむしろ焦点があたっていたし、まだ世界の一〇万人以上もの人びとの命は失われていなかった。死は中国にあり、それは偏見に満ちたフィルターをとおして、情報統制や不十分な医療、野生動物を食べる習慣など、「発展途上国」の問題として論じられていた。封鎖された中国に生きるひとたちをのぞいて、地球のほとんどの場所では、遠い世界の出来事だった。中国で流通する色々なマスク――ペットボトルから晩白柚《ばんぺいゆ》の皮まで――を揶揄するような報道（そんなものを報道といっていいのだろうか）も見たし、さまよえるクルーズ船はウイルスのバラエティ化を一気におしすすめた。

イタリアが、それからスペインが、アメリカも――三月半ばから嵐のように押し寄せる、医療崩壊と死、悲惨を目のあたりにしても、まだこれからなにが起きるのかはっきりと想像することができなかった。上野公園で花見を楽しむひとたちの様子もニュースで見た。そのように自由に行動するひとたちが悪いということではなくて、伝えられる情報や映像から、遠い場所に生きる他者の状況を想像することが、きわめて難しい社会に生きている、あるいはわたし（たち）が想像すること、考えることを放棄するのに慣れきっているということかもしれない。

経済的損失への補償を具体的に定めないまま自粛要請を繰り返す無責任な政府や、町に出る若者へのバッシングの高まり、[*5]強権的な決定を待望するような声が高まっていること、外国籍住人への差別的な言説の氾濫など、現時点で論じるべき問題は多々あるが、もう少し広い視野から考えると、今回のウイルスをめぐる混乱が突きつけているのは、この社会が、人間を、労働を、どうとらえてきたのかという根源的な問いである。

2 「ステイ・ホーム」——では、どこへ？

外を出歩くことが他者を危険にさらすという論理や、自分と大切なひとの命を守るために、といった言説、外出を自粛しない人間を非難するような社会的なムードを受け入れがたいと感じていた。最近になって、欧米の壊滅的な状況と、日々減り続ける日本の残存病床数、無症状の保菌者でも感染力があるというウイルスのやっかいな性質など、情報が更新されていくにしたがって、家にいることが多くなってきたのだけれど、それでも「ステイ・ホーム」というメッセージを目にするたびに、どこかすっきりしない感覚が残った。[*6]

---

*5 「文春オンライン」特集班「コロナもかまわず渋谷・原宿に溢れる若者たち「バイトがないから」「春休みが超長くて」「免疫あるし」」『文春オンライン』(二〇二〇年四月三日配信〔https://bunshun.jp/articles/-/37026〕二〇二三年五月二五日閲覧)。若者たちの判断の甘さを指摘する前に、ウイルスが蔓延するなかでも満員電車で出勤を続けなければいけない社会を問うべきだろう。なぜ、ろくな未来もない境遇を生きる若者たちが、「社会のために外に出るな」といわれておとなしく従うと思うのだろうか。

*6 ぎりぎりの状況にいる現場の医療関係者からそのメッセージが発せられることを否定したいのではない。当事者ではない人びとによってそのメッセージがどんどん拡散され、経済的損失への補償なき自粛という問題がうやむやになり、自己責任論が強化されそうなムードが問題であると感じていた。

外出禁止令下のフランスやイギリスでＤＶの報告が急増し[*7]、イタリアで路上生活者が外にいて罰金をとられたという話をトリノの友人にきいて、これまで感じていた違和感の正体が少しイメージできるようになってきた。いつも、こぼれ落ちるひとがいる。というか、これまで常にこぼれ落ちてきたひとたちが、危機の時代には真っ先に見捨てられていく[*8]。

今回のウイルスをめぐる自粛要請についてやりとりをしているとき、ゲイの友人から「普段から生を制限されている感覚や、政治に対する不信感が強くあるからかどうかわからないが、あまり世の中でなにか起こってもなにも感じない面もある」というメッセージが届いた。読んで少してからはっとした。響いてきたのは、生を制限されている、という言葉だった。自分が大学を雇い止めになったときを思いだした（もちろん、異性愛中心主義の社会で日常的に生の制限を感じ続けている友人の経験と単純に重ねることはできないというのは大前提である）。

三年働いた京都精華大学を雇い止めになったことと、五年働いた大手前大学を雇い止めになりそうになった経験については第二章で詳しくふれるが、精華大学で味方になってくれたのは非正規の同僚と学生たちで、社会的に発言力のあるはずの教員たちはほとんどなにもいわなかった。そのとき人間から除外されたように感じた。そうだ、この政府や社会は、非正規労働者をとっくに見殺し続けてきたじゃないか、といいたかった。それがなにを今更、感染を広げないために出歩くなとか、命を守るために、とかキレイゴトばかりいうのだ。人間の命をさんざん軽視してきたのに、どの面を下げて、あなたの行動がひとを殺すのだといえるのか[*9]――恨み言を書きつけてみると、頭のなかの靄がはれてくる。新型コロナウイルスをめぐる議論で感じていた気持ち悪さは、それだった。

そこまで書いて、歴史のなかの女性たちの呪詛にも似た言葉の断片を思いだした。そこに響いているのは、社会から切り捨てられたことへの怒りと深い悲しみである。

3　歴史のなかに響く〈声〉

あまりにも事態が急速に進行しているので、言及されることも少ないが、感染症による隔離と差別の関係についての歴史を考えるとき、国家は決して理想的な役割をはたしてきたわけではないということは指摘しておく必要がある。たとえば、明治政府による隔離政策である近代公娼制

＊7　徹底した外出制限がおこなわれているパリとその周辺の三つの県で警察に報告された配偶者間の暴力の件数が、一週間で三六％増加したという（「欧州各国 外出制限の延長・厳格化が相次ぐ」『ＮＨＫニュース』二〇二〇年三月三〇日配信。〔https://www3.nhk.or.jp/news/html/20200330/k10012356891000.html〕二〇二二年五月二五日閲覧）。

＊8　日本でも新型コロナウイルスへの警戒が高まり自粛が進むなかで、生存を脅かされる人びとについての報道を少しずつ目にするようになった（「炊き出し中止、マスク配布も減り…新型コロナ、路上生活者を直撃」『毎日新聞』二〇二〇年四月一日配信。〔https://mainichi.jp/articles/20200401/k00/00m/040/032000c〕二〇二二年五月二五日閲覧）。

＊9　感情的にはここまで筆を滑らせるが、実際問題としては、わたしは欧米諸国の爆発的な感染拡大という経験を参考にすると、家にいても生存をおびやかされないひとはあまり出歩かない方がいいと考えている。ただし、そう考えることと、すべてのひとがそうすべきだと主張することは、まったく別である。

度は、そこで働く女性たちを性病の温床とみなし、きびしい外出制限だけでなく、差別的な強制性病検診まで義務づけていた。

そのような隔離政策は、人権侵害であるというだけでなく、スティグマ化による差別の生成という問題を含んでいた。女性たちをウイルスの媒介者とする視線は、広く社会にも浸透した。性病検査は、鑑札を持たずに働く女性たち（私娼）にも拡大され、そこに生きる女性たちもまた差別的な視線にさらされることになった。私娼窟と呼ばれた浅草千束町の日常を綴った村崎静子の『千束町より』（鹿野書店ほか、一九一三年）には、つぎのような描写が並ぶ。

> 下り口の混雑の中にもなお女の品評《しなさだめ》に余念なげの学生連れや、侮蔑の眼冷ややかに私達を見つめる令嬢達の間にはさまって、私は逐《お》われるように連れに先立って表へ出た。
>
> 検査場へ来る途すがらも、朝帰りらしい職人達に、「ありゃ淫売だ」といわれた。そして私達は顔見合せて、淋しい笑《わらい》をもらしたのであった。
>
> 着物を着かえて出かけると、新道をゆき来の人は、お客と私とを見くらべながら「大した景気だなあ」というような顔をしたり、また口元に嘲りの薄笑いをうかべたりして、すれ違った。*10

顔を見合わせてさみしさを共有できるわずかな朋輩をのぞいて、村崎が描きだす世間の人びとの視線は冷たく侮蔑的である。『千束町より』には、本の出版後に廃業する予定であるということも書かれているが、その後の村崎の足取りはわかっていない。

一九二〇年代半ばの冬のある日、遊廓のなかにいた森光子が書き付けた言葉もまた村崎の言葉と重なりあう。

皆が、嬉しそうに外出する様子を見ていると、妾《わたし》はどうして、あのような気持ちになれないのかと考えることもある。でも何時も外出する気にはなれない。雑誌を読んだり何かして一日を過ごしてしまう。

一度しか外出したことはないが、妾と同年輩の娘さんが、盛装して街を歩いているのを、見るのが嫌だ。本当に苦しさを増すばかりだ。

すぐに、自分ほど賤しい者はないと思う。

また自分ほど、不幸な人間はないと思う。

世の中が呪わしくなってくる。

街を歩いていて、あらゆる見るもの、聞くものが癪に障ってくる。悲しみの種になる。

そんなことを考えると、何を見ても、何を聞いてもちっとも面白くはない。

＊10　村崎静子『千束町より』鹿野書店ほか、一九一三年、三一、九七、一〇九頁（引用順）。

お婆さんに引率されて、すべての人々から変な目つきで見られながら、外出がなんで楽しいのだ。

外出していたって自由な体じゃない……見えない思い鎖で縛られた上に、もっとも卑しい人間としてより見られない妾だもの……。[*11]

その日は月に一度の遊廓の公休日で、朋輩たちは朝早くに客を帰して朝湯に入り、楽しそうに外出の支度をしているが、森はどうしても外出する気にならなかったという。一〇代後半からの貴重な時間を妓楼に閉じ込められ、人間から疎外される経験は、ここでは「もっとも卑しい人間」という強い自己否定の叫びとして表出している。しかし、やがてそれは理不尽な社会への怒りに変わり、遊廓からの逃走と体験記の出版による告発へとつながっていった。

森光子は二冊の本を執筆するが、廃娼世論の熱が冷めたあとの足取りは不明である。それは、森と同時期に遊廓から逃走した松村喬子が「周囲の人等は、私が一度廓に居たことがあると云うだけの理由で、冷たい眼で見、誰も親しく交わってくれ」[*12]ないと記者の取材に答えたように、強い差別があったのと、圧倒的なマイノリティである元娼婦たちが本の出版や新聞記事をとおして歴史のなかに言葉を残すことになった直接の契機が、スティグマをおって生きるかの女たちへの、世間の人びとの好奇の視線にあったからである。

書きつけられた呪詛のような、あるいは絶望的な孤独そのもののような、過去の女性たちの〈声〉が伝えるのは、この国が、そしてその作られた分断を受け入れた人びとも、当事者の声を無視し続けてきたという歴史的な事実である。病への恐れが特定の職業や集団とむすびつけられるとき、容易に差別に転化するということ、危機を煽り隔離を求めるような言説には、必ず差別の萌芽があるということに、わたし（たち）はもっと注意深くならなければいけない。

4 「瀬戸際」にはちがいない

ふたたび話を現代に戻そう。

花見の開催をめぐって友人たちとSNS上で言葉を交わした翌朝、児童相談所で働く友人から「私らが仕事にいかないと、別の生命の危機に陥るひともいるしさ、医療従事者に近いもんあるなぁ」というメッセージが届いていた。――そうなのだ。外に出ることなしに生活できないひとだけでなくて、そのひとたちが訪れたり、話をきかなくては生活も、生きることすら難しくなるひとがいる。二〇代の保育士の女性がウイルスに感染後、発熱しても出勤していたという記事を見た。休めるものなら、とっくに休んでいるだろう。問題は熱が出ても働かなければいけないような状況、社会的風土がこれまで放置されてきたことにある。しかし、現実は、感染後も自重し

＊11　森光子『光明に芽ぐむ日――初見世から脱出まで』文化生活研究会、一九二六年、二〇七―二〇九頁。
＊12　『婦女新聞』一九二八年一月二二日。

ない「軽率な」人間を責めるような報道が氾濫する。*13

生活支援への具体策もない状況で、家を持たないひとや、家にいることのできないひとへの想像を欠いたまま繰り返される自粛要請とは、つまり「欲しがりません、勝つまでは」なのだと、ああ、この国はなにも変わっていないのだと絶望的な気持ちにおそわれる。外出禁止をめぐるポリティクスは、さまざまなレベルでの生存をめぐる磁場で展開している。病気の感染を広げないために外出を一刻も早く一律で禁止しろと強く要求する、外出しなくてもとりあえず生きていけるひとたちと、外に出ることなしに生き延びることができないひとたち、外にしか居場所のないひとたち――それは、そのままこの社会の分断を浮き彫りにする。

ウイルスは階層にかかわりなく経験されるのではない。ウイルスは対象を選ばないが、社会は犠牲者を選ぶのだ。人類を救うために家を出るな、というメッセージ自体が、現状では生への抑圧として響くことがあるというシンプルな事実が理解されないまま、強権的な決定が支持されるムードだけが蔓延していけば、社会の分断はより一層進行する。生活支援が間に合わず、外出しないことで感染を防ぐという社会的な合意形成もなされないまま、ウイルスの猛威と貧困という荒波のなかで人間のつながりがばらばらにされ、不信と不寛容のなかでひとがつぎつぎに死んでいくというのが最悪の未来である。

――いや、それはいまにはじまったことではなかった。ウイルスは問題をよりはっきりと目に見えるようにしただけである。

逆にいうなら、ウイルスの暴風が吹き荒れているいま、この瞬間が、何世紀にもわたって響き続けている、生きがたい生の〈声〉をきき、社会を少しでもよくしていくか、それとも排外主義が蔓延し、人間への不信感が極限まで高まったディストピアの現出を許すのかという瀬戸際なのではないかと強く思う。響き続ける〈声〉とは、外出自粛と公共施設の閉鎖が徹底されれば行き場を失う路上生活者の声であり、虐待のために帰る家を持たない子どもの声であり、不当にも臨時休校にともなう休業補償の支給対象から外されていた「夜の街」で働くひとたちの声であり、外に出て働き続けることなしには明日を生き延びることのできない無数の非正規労働者の声である。国がなにかを解決してくれるだろうという非歴史的な希望を捨て、生存を求める批判の声を高めること、外国籍の友人への攻撃をなにがなんでも止めさせること、マスクしか用意しない政治を揶揄するときは、朝鮮学校にはマスクすら届けられなかったことを思いだすこと、たったひとりだと感じても声を上げて仲間を探すこと、それが危機の時代を生き抜くためのたしかな知恵である。

＊13　たとえば、「女子大生、症状出た後に卒業式に出席…自粛せず欧州旅行後に発症」『読売新聞』（二〇二〇年三月二九日配信〔https://www.yomiuri.co.jp/national/20200329-OYT1T50138/〕二〇二三年五月二五日閲覧）、「阪大卒業の女性が感染…一人で欧州旅行後、学位記受け取り食事会に参加」『読売新聞』（二〇二〇年四月二日配信〔https://www.yomiuri.co.jp/national/20200402-OYT1T50154/〕二〇二三年五月二五日閲覧）など。学生たちが旅行に出発した三月前半の時点では、外務省の渡航自粛勧告はおろかＷＨＯのパンデミック宣言すら出ていなかった。

5　みんな元気

最後に自分自身の状況を少し書こう。二〇一九年一月、日本での大学非正規労働者としての生活を離れて、中国福建省厦門の大学に仕事を移した。冬期休暇で京都に帰ってきたのだけれど、今回の新型コロナウイルスをめぐる混乱で大学の開始も延期になり、いまだ帰れないまま京都にいる。その意味では、騒動の渦中にいる。

二〇二〇年一月の終わりに、武漢が閉鎖されたとニュースで見たとき、湖北省出身学生がいただろうかと心配になった。テレビをつけても、報道では中国は霧のなかだった。中国という場所も、中国に生きるひとも、日本に生きるほとんどのひとたちは興味がないようだった。わたしにとって、名前があって、ひとりひとりの顔が思い浮かぶひとたちの身に迫っている脅威は、せいぜいバラエティの話題に過ぎなかった。

二月になると、厦門の大学寮に残っている外国人教員たちのグループチャットで、大学の入口が一カ所を除いて閉鎖され、IDチェックと体温測定が必須になったという情報が流れてきた。学生からは「外にいけないですが、みんなも元気です」「ウイルスの予防に気をつけてください！」とメッセージが届いた。嬉しかったが、チャットの最後に残った、バイクで走るクマのスタンプを見ていたらなぜだか泣けてきた。わたしがいま切り離されているひとたち、突如としてなくなってしまった仕事――たった三時間半だったはずの厦門と京都の距離が一世紀も離れてしまったような、だれにもわかってもらえないような悲しみだった。亜熱帯のうるわしい初夏の街路を思いだした。街路樹はマンゴーの木で、六月ごろになると熟した実がつぎつぎと落下して甘いにおいが街路を満たす。裏通りの生煎饅頭屋や銀亭路にある行きつけの東北焼肉店は、二ヶ月以上の閉鎖を生き延びることができたのだろうか。

いつ帰れるのかわからないので、三月末に録画での授業をはじめた。直接顔を見ることはできないが、授業後にチャットに届く言葉をとおして学生たちの近況を知ることができた。厳しい外出制限の日々、炊飯器でケーキを作ったり、親に編み物を習ったり、妹に宿題を教えたり、家族だけで誕生日を祝ったり、屋根にのぼって夕日を見たりして過ごしていたらしい。叶子吟《ようしぎん》さんという学生の文章には、福建省の田舎の家に家族で集まって過ごす一日の様子が描かれていた。*14

元宵節の日、家族のみんなでひさしぶりに集まって餃子を作った。

都市を遠く離れた田舎は、ウイルスが山に遮断されるから、買い物が不便になる以外、生活は以前と変わったように感じられなかった。いままでの元宵節《げんしょうせつ》のように、小麦粉は母の手で餃子の皮になって、おばさんの手で一つ一つまるい餃子になって、そして私といとこのお

*14 紹介にあたっては本人に許可をとり、文法の誤りなど簡単な修正をおこなった。紹介を快諾してくれた叶さんに感謝する。

腹に入った。餃子を食べるとき、ときどき形があやしい餃子がある。それはきっと私といとこの作品だ。

晩ごはんが終わると、いつもは風習で元宵節の夜に必ず獅子舞を舞う人たちが家に来て客間から台所まで一周する。子供たちは魚や花の提灯をもらい、獅子舞の列の後ろについていく。今年の元宵節は、家族みんなで花火を打ち上げ終わっても、獅子舞は来なかった。

田舎にいる時間、身の回りのすべてが静止していると感じた。山と川は変わらず、おばあさんとおじいさんも変わらないと思っていたが、コロナウイルスがこの小さい村を変えたようだ。

元宵節というのは春節から数えて一五日目(二〇二〇年は二月九日)におこなわれる中国のお祝いのことで、今回は新型コロナウイルスの影響で村の獅子舞が中止されたのだという。ウイルスへの勝利でも敗北でもなく、いつもと変わらない微笑ましい元宵節の晩餐と、封鎖によって生まれた変化が淡々と綴られている。日々、不安が急速に広がっていく日本の現状からは、一ヶ月以上も続く封鎖の息苦しさを生き抜いた、かの女/かれらの経験に、学ぶことは多いのだろうと漠然と思った。

国境が閉鎖され、世界の半数の人口が家に閉じ込められ、*15 ひととひとが文字通り遠く遠く切り離されつつあるなかで、「ウイルスに打ち勝つ」、「克服する」といった勇壮なスローガンや政治的なパフォーマンスよりも、不要不急の芸術が、遠く離れたひとりひとりの状況を思い描く想像力が、なによりも大切だと強く感じる。

＊15 「39億人超に外出制限、世界人口の半分超に　新型コロナ」『AFP＝時事』（二〇二〇年四月三日配信。〔https://www.afpbb.com/articles/-/3276915〕二〇二三年五月二五日閲覧）。

第二章　だれが教育を殺すのか

大学非正規教職員雇い止めの荒野から

もし、私たちがそれを知るなら、その時私たちは、あなたの命を守るために闘わなければなりません。それが私たち自身の命であるかのように……ガス処刑室への通路を、私たちの体で埋めつくして通さないようにしなければなりません。なぜなら、もし奴らが朝にあなたを連れていったら、夜には私たちを連れにやってくるからです。

――ジェームズ・ボールドウィン*1

土曜日、京都大学吉田寮、厨房。投光器が照らすのは、バンドが演奏する小さなステージと、コロナの瓶を片手に思い思いに演奏をきくひとたち、音響卓の隣のコンロで豆カレーをあたためるひとなど、土曜の晩の厨房ライヴのおなじみの光景である。数年前に耐震補強を終えたばかりなので、木材があたらしく、ドラムの音は固く響く。

厨房とカウンターで隔てられた食堂ホールには、ビリヤード台やソファー、畳が敷かれ、知っているひとも、知らないひともいる。フランスから帰ってきた寮生がソファーでくつろぎ、出版社の友人がカウンターでお酒をつくっている。気持ちよさそうに踊りながら歌っているのは、京都精華大学の友人で、最近バンドも快調のようだ。ミュンヘンからの留学生がふらりと立ち寄って、もうすぐ京都を離れるという。ここにはじめて足を踏み入れてから二〇年近くが過ぎて、顔ぶれは変わっていっても、魅力的なひとたちがいて、あたらしい出会いや言葉がいつも生まれてくる場所であることは変わらない。

そんな空間が、いま大きな危機に直面している。一九八二年の京大当局による「在寮期限」の決定を、寮生や学生たちが直接行動によって覆して以降、大学と吉田寮の関係は、一定の緊張関係を保ちつつも、基本的には話しあいによる合意を中心に形成されてきた。[*2] ところが二〇一五年一一月に川添信介理事が就任して以降、状況が一変する。京大当局は、築一〇〇年を超える吉

＊1　ジェームズ・ボールドウィン「アンジェラ・デービスへの手紙」アンジェラ・デービス編著『もし奴らが朝にきたら――黒人政治犯・闘いの声』袖井林二郎監訳、現代評論社、一九七二年、一六頁。

＊2　二〇一五年には、寮の老朽化対策の一環として食堂・厨房の耐震補強工事がおこなわれ、すぐ近くに新棟である西寮も建設されている。つまり、そのときは京大当局も補修を求める寮自治会との対話と合意を尊重していたのである。

田寮の耐震強度不足をおもな理由として、それまでの寮自治会との合意を無視し、二〇一七年一二月には、二〇一八年九月末という期限を一方的に設定し、全寮生の退去を通告した。[*3]川添理事の提示する交渉の諸条件[*4]を寮自治会がいったん受け入れる形で、三年ぶりにようやく再開された二〇一八年七月一三日の交渉のなかでも、理事は「合意形成や協議はしない。意見を聞くだけ」ということを強調し、二〇一五年に完成したばかりの新寮からの退去も強要している。[*5]また、協議中であるにもかかわらず、「吉田寮自治会との話し合いを行ないましたが、今後自治会との話し合いを継続することによって——すべての学生は退舎しなければならないという『基本方針』第二項に基づく取扱いが変更されるものではない旨、念のためお知らせします」[*6]という高圧的な文書まで寮生に送りつけている。

ここにも対話の拒絶がある。大学当局が、学生との合意を一方的に破棄し、自治の実践を敵視するというのは、異常なことである。しかし、圧倒的な権力によって異なる意見を封殺するというやりかたは、とくに二〇〇四年以降の大学現場における、非正規労働者への雇い止めと対話の拒絶という、わたしが当事者として目の当たりにしてきた光景ともきれいに重なりあう。本章では、大学という現場で失われ続けている対話と、すっかり荒れ果てた風景について、ひとりの大学非正規労働者の立場から書こうと思う。ささやかな抵抗の実践についても。

Ⅰ　京都精華大学の非正規教職員更新上限をめぐって

その夜にバンドのベース奏者として吉田寮にいたわたしは、近代日本の遊廓の女性たちによる労働運動を調べている女性史研究者で、週二日兵庫県西宮市にある大手前大学学習支援センターで非常勤スタッフとして働き、あと二日は非常勤講師として京都造形芸術大学で一回生の必修授業を四クラス担当している。そんな大学非正規労働者としての生活は、ちょうど一〇年目をむかえたところだった（追記──文章が書かれた二〇一八年当時）。

二〇〇八年四月、京都精華大学人文学部一回生の必修科目「日本語リテラシー」を担当する、日本語リテラシー教育部門のチューター（嘱託助手）として働きはじめた。チューターは一年契約で、更新二回までという条件があった。部門には四名の講師と一〇名のチューターがおり、

＊3　できるだけ正確に書くなら、京大当局の合意無視と退寮通告に対して、寮自治会や寮の存続をのぞむひとたちは、当然おとなしくしたがっているわけではない。ここで描いた毎週土曜日の「食堂酒場&厨房ライヴ」のほかにも吉田寮見学ツアーの実施、吉田寮盆踊り大会など、さまざまな取り組みがおこなわれている。最新情報はツイッターアカウント「吉田寮吉田寮広報室 Yoshida Dormitory」@yoshidaryo_koho で発信されている。

＊4　「参加人数の制限」や「参加者の身分の表明」等六条件。これまで、決定権を持つ大学当局と学生間には明らかな権力関係があるという認識から、話しあいは常に大衆団交形式でおこなわれてきた。

＊5　『吉田寮タイムズ』第一号、二〇一八年七月一五日発行。

＊6　吉田寮自治会「吉田寮生への脅迫「寄宿料を個別で納入せよ！」」二〇一八年八月発行、四頁。

チューターのほとんどが二〇代で、大学一回生と言葉をかわしながら文章作成のサポートをするという業務内容もあって、若く活気に満ちた雰囲気だった。本やマンガが置かれた広いオフィスにはいつも学生の姿があった。

　二年目の秋、同僚二人が翌春で雇い止めになるというタイミングで、労働組合をつくり更新上限に反対する活動をはじめた。*7 仕事もできて学生にも慕われている同僚を雇い止めにして、かわりに新しいひとを雇う理由がまったくわからなかった。専任教職員組合は開店休業状態で、まったくたよりにならない。組合の最初のビラにつぎのように書いた。

図2　組合の小屋と昼休みアピール（2010年1月中ごろ）。

　ボニーとクライドがすてきだと思っていた十代も遠くなり、精華大学の日本語リテラシー教育部門でチューター（嘱託助手）として働き始めて二年。なんとなく一〇年後、少なくとも次の春を思い浮かべながらしごとがしたい。学生と近いところで話をするしごとだから、その学生たちが卒論を書くときもちゃんとここにいて相談にのったりできたらいいなあ。しかし、そんな夢想をすることも、どこかはかない。なぜならチューターは三年で雇い止めになることが決まっていて、一回生で会った学生が四回生になるころには、精華にいることができないから。*8

理論やスローガンよりも、素朴な実感ややわらかい言葉を大切にしたい、という思いではじめた組合は、理事会との交渉はあまりうまくなかったが、学生たちの反応はとてもよかった。交渉のなかでは雇い止めを繰り返すことで大学から失われるものを具体的に説明したが、上々手《かみて》専務理事をはじめとする経営サイドは、一切調査することもなく、ただの口先だけの答弁と時間稼ぎに終始した。

まずは小さい大学のなかで、非正規の存在を可視化できるようにする必要がある。そこで、雪がちらつく二〇一〇年一月に、二日かけて食堂の前に小さな小屋を建てて、昼休みになると豚汁や春雨スープをくばって、非正規教職員の更新上限の撤廃を求める署名を集めた*9（**図2**）。

*7　組合の活動に関しては、山家悠平「大学非正規教職員の「あしたのために」――京都精華大学嘱託助手三年雇い止め反対活動の報告にかえて」『インパクション』一七三号、二〇一〇年三月、山家悠平「わたしのまえにある鍋と自由と燃える火と――京都精華大学における雇い止め反対活動と大学非正規労働者の「未来」」『寄せ場――日本寄せ場学会年報』第二三号、二〇一〇年五月に詳しい。

*8　京都精華大学ユニオン SocoSoco「一〇年後を思い浮かべられる仕事場に」（二〇一〇年一月七日発行）。ビラの全文は http://d.hatena.ne.jp/soco-soco/20100115 を参照。

*9　『京都新聞』（二〇一〇年一月一九日朝刊）は大きな写真入りで「「雇い止め」制度の廃止を求め豚汁でアピール　京都精華大」と報じている。

そのときから自分自身が雇い止めになる一年後まで、おそろしく目まぐるしく充実した毎日だった。春にはノルウェーのレズビアン・パフォーマンスグループ「ハングリーハーツ」を招いてリサイタルを企画し、初夏にはフランスのアーティスト「Fury」による講演や作品展、ほかにも「「就活」プレッシャーに負けないための連続講座」では、猟師の千松信也さんやファシズム研究の池田浩士さんにも講演してもらった。

雇い止めまでわずか三ヶ月となった二〇一〇年一二月、夏以来理事会が拒否していた団体交渉の再開を求めてハンガーストライキをする。ずっと昔から大学非正規の問題に取り組んでいる関西単一労働組合・大阪大学分会や、他大学からも応援がきて、関西テレビからも取材のひとがきてくれた。その間、雇い止めになる部署にわたしと同僚のAさんが再応募するが、二人とも書類選考で落とされた。再応募の権利は組合が交渉で得た数少ない成果だったが、まるで意味はなかった。理事会は適当な答弁を繰り返し時間稼ぎに終始した。

雇い止めになる前日発行のビラに「ほんとうの悲劇は、こんなにもまったく無意味にひとが使い捨てになっていく状況が悲惨なものであると、おおくのひとがまだ気づいていないことだ――それでも、いつだって手遅れということはない」*10と書いた。最後になにか希望をつなぎたくて書いたのだけれど、実際には雇い止めの前日に希望もなにもなかった。

翌日、わたしたちは雇い止めになった。

2　貸本カフェとうつろいゆく日々

二〇一一年四月一〇日、ちょうど精華大学を雇い止めになって一〇日目の夕方に、こんな文章を書いた。少し長いが引用する。

修学院小学校から選挙の帰りみち。春の日は暮れそうでなかなかしずんではいかない。川沿いを歩いて、くだる。ほとんど水は流れていないけど、下へ下へむかう流れをみていると気持ちもしたにしたにむかってゆく。

きょう同居人が引っ越していった部屋がポツンとたたずんでいるうちに帰ってひといきついてコロッケを食べた。一個二九円の牛肉コロッケは想像のなかのコロッケにくらべれば古い油の香りがしてそんなにはおいしくはなかったが、からだが部屋のなかに戻ってくるには十分なあまさだった。

それでも日暮れ時はまぶたの裏にくすぶっていてちいともでていく気配を見せず、浅川マキのブルースでも口ずさんでみるがいよいよさびしくなるばかり――真っ赤な夕日にふねが

＊10　京都精華大学ユニオン SocoSoco「雇い止め前夜にどんな夢をみるか」（二〇一一年三月三〇日発行）。ビラの全文は http://d.hatena.ne.jp/soco-soco/20110401 を参照。

でていく／わたしのこころになにがある――わたしのこころになにがあるかというと、ただなにもないということがあるみたい。あしたどこにいくあてもなく、やっとしごとがなくなったということが手ざわりとしても感じられるようになってきた。

文章の添削だって、学生のはなしをきくことだって、去年よりもきっとうまいことできるはずなのだ。つねに成長していくような単純なものでないにしても、これまでつちかってきた技術はしっかりと根を下ろし始めているのに、ただしごとがない。もっともっと働くことができるのにあたらしい学生に出会うことも文章を添削することを通してごはんを食べることもかぎりなく遠のいてしまった。

もとのオフィスには組合禁止令がゆるやかに発令され、例年続けてきた卒論アシスタントも今年からかかわれなくなってしまうみたいだ。卒業式にあわせてつくったささやかな屋台は、移動可能であるにもかかわらず不法占拠と非難され、二度とつくらないと誓約しないかぎり交渉のテーブルにもつかないと理事会はいう。つまり雇い止め反対という声をあげたことに対して執拗な攻撃がはじまっている。とてつもない暗さとともに。

嘱託教職員の使い捨て反対ということで一年以上活動を続けてきて最初はそれなりに精華大学という場所に期待をもっていたのだけど、いま思うのはまったく孤軍奮闘だったということだ。在学中からしっている、教員も職員も、取り組まないといけない問題だ、おかしい、といいつつもただの一度だって交渉にも顔をみせなかった。学生に迷惑をかけちゃだめだ、とわけしり顔でいう教員や、ずっと続けられるしごとじゃないからとさらりといってのける教員もいた。

つまり、わたしは、かれ／かの女らにとって人間ではなかった。身に着けた技術や能力でもってじぶん自身の生活や人生を安定させていくことは非正規労働者を「選んだ」以上高望みだというのだ。専任教職員、理事たちの高い給料や退職金の額をびた一文減らすことなく斜陽の大学を維持していくために、非正規が雇われ続けているのに。

雇いかたの問題なのにいつだって雇われかたの問題にすりかえられている。

しずかないらだちが燃え始めたら夕暮れはいつのまにかすっかり部屋から出て行ってしまった。

きょうの夕飯はカレーです。*11


ここには、雇い止めになるという経験が、どのようなものであったのか、ということが書かれている。職場では自分のかわりのひとが雇われ、専任の教員たちはこれまでと同じように働き続け、同僚たちは散り散りになった。それから失業給付の手続きをして、何日もかけて新しい大学公募の書類を何通も書く。もし幸運にも仕事が決まったら、またゼロからのスタートになる。雇

＊11　山家悠平「Route 675」『イツカノユウグレ』第八号、二〇一二年五月二八日。『イツカノユウグレ』はおもに京都精華大学や京都芸術大学で配布しているフリーペーパーで、二〇〇一年の創刊以来現在までわたしが編集を手がけている。

い止めはなによりも時間を奪っていくのだと感じた。こんなことが社会のあらゆる領域で、あたりまえにおこなわれるようになったら、奪われる時間の総量はいったいどれだけ膨大なものになるだろう。

しかし、これは大切なことだが、それでも生活は続いてゆく。ただ負けてばかりもいられなかった。いま紹介した文章のなかでも少しふれているが、なにもなかったことにされたくなかったので、組合の小屋を解体した木材を使って移動可能な屋台をつくり、学生や教職員だれにでも無料で本を貸しだす貸本カフェをはじめた[*12]（図3）。小屋が「不法占拠」とされ、団交拒否の理由になっていたので、屋台ならどう?ということもあって。それでも交渉は再開されなかった。

図3　二代目貸本カフェ（2017年3月ごろ）。

屋根のない屋台は、晴天の火曜日午後に開ける。はじめのころは、ネパールカレーをくばったり、学生主催の祭でポテトフライをあげたりした。リレーマンガを展示した学生もいた。実にたくさんのひとがきた。

秋には、働きはじめて一年目に授業を担当した学生が山之口漠についての卒論を持ってきたので、屋台で添削もした。最初のビラで書いた「卒論を書くときもちゃんとここにいて相談にのったりできたらいいなあ」という思いは屋台をつくって居座ったことで達成されたわけだ。

二年目の秋には京都大学に提出する博士論文の推敲も屋台でした。論文はのちに『遊廓のストライキ——女性たちの二十世紀・序説』（共和国、二〇一五年）という本になった。一〇〇年近く前の遊廓のなかで、女性たちがたたかった労働運動に関する研究の仕上げを、雇い止めになった大学の組合屋台でするというところに不思議な縁を感じた。いつもひっきりなしに学生がやってきては、授業の空き時間を過ごして去っていった。たまに専任教員も立ち止まって人文学部の危機について話したり、一息ついたりしていった。大学当局は、さわらぬ神に、という感じで一貫して無干渉を貫いている（余計なたたかいをしなくてよかった）。

実のところ、精華大学で働いていた三年という期間をはるかにすぎて、雇い止めから八年目になる現在も貸本カフェは細々と続いている（追記——貸本カフェはこの文章を書いた少しあとの二〇一八年秋ごろまで続いた）。闘争というにはあまりにものどかだが、雇い止めになった場所にかかわり続けることも、また静かなたたかいかもしれない。いまの屋台は二〇一六年冬にリニューアルしたもので、最初の小屋から数えると三代目、床面積は四分の一くらいになった。貸した本の多くは、卒業する学生とともに旅だっていったが、どこかで読まれているといいと思う。

＊12　屋台貸本カフェの活動について詳しくは、山家悠平「貸本カフェからながめる京都精華大学の五〇〇日」『女性学年報』第三三号、二〇一二年を参照。

3　二度目の雇い止め通告と逡巡

雇い止めという経験がずいぶんと遠く感じられるようになっていた二〇一八年の初夏、今度は大手前大学学習支援センターで雇い止め通告を受けた。

二〇一三年秋から働いている学習支援センターは、精華大学のときよりも短い半年契約で、図書館のなかにあるオフィスで学生の学習相談や、文章の添削などを担当している。契約書には一切更新はしないと書かれながら、ほとんどの同僚は三年以上働いている。つまり契約が労働の実態にあっていないのである。

雇い止めの説明にきた上司は、今回契約更新しないのは、法人本部の方針で、その理由はわからないが、来年春の募集の際には応募してもかまわない、という。

帰り道、歩き慣れた夙川沿いの桜並木の下を歩きながら、そうか働きはじめて四年半過ぎたからか、とやっと気づいた。二〇一三年改正の労働契約法が定める五年をこえての無期転換を申し出られたら困るから。半年契約を息継ぎのように繰り返し（そのつど形式的な面接だけは交通費すら出ないまま繰り返し）、かつてあった有給も今年からなくなり、春には同期の同僚が面接時間をまちがえたという理由でくびになり、そしていま、残ったのは「熱のさめたてんぷらのような時間」（石垣りん「貧しい町」）である。最初に考えたのは、これからどうしようか、ということだった。通告を受け入れるのは納得できないが、組合をつくってたたかうほど職場に愛着もない。勤務日以外には交通費も出ないので、とりあえず、ひとりでも雇い止めの撤回を求めて勤務時間内に交渉だけはする、と漠然と決めた。

いま思いだしながら書いているのだけれど、それからの一ヶ月の記憶がところどころはっきりしない。文字どおり心を殺して働いていたのか、自分が書いたメールの文面や添削を見なおしてみるとだれかほかのひとが書いたようにもみえる。ひとつだけ鮮明に覚えているのは、ほかの大学の非常勤の授業中、ときどき言葉につまったことだ。そのたいへんさは、自分が人間扱いされていないのに、学生に対してはもっとも人間的に応えなければいけない、という苦しさだったのだと思う。雇い止め通告を受けた晩に、翌週の授業準備をして、週末には提出された課題に目をとおしてコメントを返し、授業では学生の相談にものる——こんなことでは、なにかが引き裂かれてしまう。わたしの「人間」はどこにいけばいいのか。

フェイスブックに雇い止め通告について投稿すると、労働組合の専従をしているバンドのメンバー、大手前大学の卒業生、よく出演するライヴハウスのオーナーからも心配や応援のコメントがつぎつぎと書き込まれた。長年働いた大学を今春雇い止めになった友人もいる。京都精華大学で同僚だったAさんからのメッセージも届いた。Aさんはいまどうしているのだろう、と思った。

4　重層的な分断のなかで

吉田寮にほど近い洋館で、Aさんに話をきく。精華のころについて、いまの仕事について。Aさんは修士課程を修了したあと精華大学で働きはじめたという。

「フルタイムで働くこと自体はじめてだったから、あんまり雇用上限なんて気にしてなかったというか、入るときはなんとかなるでしょみたいな感じで入ったけど、なんともならないかもしれない、リアルにああどうしようみたいな感じはあったかな。あと自分が雇い止めになるのもあれだけど、一年まえに一緒に働いていたひとたちが雇い止めになるとき、そのひとたちがいなくなることで残るひともたいへんだよなと感じて、これすごい不合理だなあって――」。

同じ職場で三年一緒に働いたので、その不合理という言葉の意味はよくわかる。精華では自分の仕事を把握している専任教職員がいなかったので、作業の引き継ぎのためのマニュアルづくりも雇い止めになる側が担うことになった。精華の経験の語りは自然といま現在の仕事についての話へとつながってゆく。精華で二五歳から二八歳まで、その後雑誌の編集の仕事を四年、そして再び大学の同窓生組織である校友会の事務局で専門職の契約職員として働いている。

「この春に五年終わって辞めるひとがめっちゃがんばって引き継ぎ資料作ってるの見て、精華のときのことをすごい思いだした」。五年上限の一年契約だが、五年かけて校友会一〇〇周年の記念誌を作るというプロジェクトをほぼひとりで担っている。決裁権こそないものの事務を一手に担い、専任がその内容を把握しているわけではないので、途中で辞めるのは心情的に難しい。しかし、大学の側からつぎの仕事の紹介があるわけでもない。

話をきいていると現場の分断は絶望的にすら感じる。職場では、専任職員六人、契約職員七人（うち専門職三人、事務職四人）、大学の関連会社から出向という形できている職員六人（社員四名、時給のパート二名）が働く。関連会社からの出向は昨年からで、満期をむかえた事務契約職員を関連会社のスタッフに置き換えるという形でその割合は徐々に増えている。かつて事務契約職員のなかに人事部長に職場の状況改善を訴えたひとがいたが、その結果、「文句をいわない」関連会社のスタッフへの置き換えが進んでいるという。仕事を奪われる形になった契約職員のモチベーションも下がっていく。

仕事を覚えた職員がつぎつぎに辞めていくことは、実際には専任職員にとっても大きな負担になっているのだが、過労死寸前までがんばっても、そのシステム自体を変えることに労力を使うという発想にはまったくならない、という。専任教職員組合も精華のときと同じく、まったくたよりにはならない。

「事務契約職員の待遇改善のために月五〇〇〇円の昇給を勝ち取りました、やったぜ、みたいな感じで――組合のニュースレターを冷蔵庫に貼る作業も事務職員のひとがやってくれてるんだけど、貼る瞬間すごい手の力抜けたわ、みたいに言ってて」。圧倒的なリアリティの隔たりがある。個々の専任職員との関係が悪いわけではないが、それでも非正規をとらえる視線の冷たさに愕然とすることがある。

「Aさんが辞めたあとも脳だけハードディスクに移行したいですね、みたいな褒められ方で、なんか人間扱いされてないいんだなって。それを褒め言葉として言えてしまうこの神経なんなんだろう」。

「人間扱いされてない」、という言葉が強く響いてくる。それはちょうど先日雇い止め通告を受けたときの感触にも似ている。理由もわからないのに、同じ大学で働く人間に、雇い止め通告をすることができる感覚とは、いったいなんだろう。そこでは、ひとの生活を想像したり、ひとをひとととしてとらえる感覚が、正規と非正規の分断のなかですっかり摩耗している。教育機関である大学においては、ほんとうに致命的なことだ。

お昼時になったので、近くのカレー屋までお昼ごはんを食べに行く。道すがら、ふと、残りあと一年だけどどうするの、ときいてみた。少し考えてから、Aさんはいった。

「あんまりなにも考えていないかも。一応来年の春ぐらいに記念誌が出て、一〇月に一〇〇周年の式典で、あとはひまになるから残りをいっぱい遊ぼうかな」。

非正規として生きる日常自体がたたかいなのだから、楽しいことは多いほうがいい。そういえば、精華大学の組合では楽しいことばかりやっていたな、となんとなく思いだした。

5　ひとりでの交渉

二〇一八年七月四日。多くの激励や、争議への静かな期待をほどほどに背負い、あまり孤立感のないままにひとりで交渉にいどんだ。[*13] 雇い止め理由を説明するということで出てきたのは、法人本部からの一名、教学運営室からの一名と上司だった。

まず、雇い止め通告は学習支援センターの全スタッフのうち、二〇一三年九月から働きはじめた三名にだけおこなわれたという（ちょうど二〇一八年の後期で五年目をむかえる）。ICTに力を入れたい、シフトにたくさん入れるひとが欲しいというのがおもな理由であるという。そんな些細な理由で、四年半働いた経験者を、まったくの初心者と置き換えようとしていることにめまいを覚えた。ただ、雇い止め通告を受けたスタッフがICTに関して能力が劣っているということもなく、そもそもシフトも週二〇時間という上限が決まっているので、おそらくあとから適当に考えた理由だろう。結論からいうと、二〇分程度の話しあいの結果、雇い止め通告自体があっさり白紙撤回になった。交渉以前に方針転換が決まっていたのか、交渉のなかで方針を変えたのは

---

*13　ほんとうはひとりでは行かないほうがいい。同僚に負担をかけないようにと思いひとりで交渉にのぞんだが、やはり雇い止め通告を受けた同僚をさそっていかなかったことを後悔している。怒りの共有も成果の共有もできなかったからだ。

まったく不明である。

　これから雇い止め通告を受けるかもしれないひとの参考に、交渉までの経緯と交渉現場でなにをしたかということだけを簡単に書きだしてみる。まず、最初に雇い止め通告を受けたとき、労働組合への相談にも言及しながら「納得できないのでしっかりと説明の場を」と言い続けた。[*14]交渉ではテーブルの上にレコーダーを置いて、「弁護士からの指示で録音する」という確認をとり、参加者の役職と姓名をすべてていねいに確認した。クリアファイルに改正労働契約法に関して説明したウェブページのプリントと、二〇一八年の非正規雇い止めに関するネットニュースの記事を入れて、相手に見えるようにテーブルに置いた（その下には精華大学のときのハンガーストライキの記事も入れていた）。抗議するのではなく、ひたすら雇い止めの理由や、何人に通告したのか等、具体的な質問に徹した。労使間の合意があれば契約はもちろん継続可能、という発言が出たので、それならそもそも雇い止め通告は白紙撤回でいいのでは、と確認し、すでに雇い止め通告をしたほかのスタッフにも通告の撤回をしっかりと告げるという確認をとった。

　こうして書きだしてみるとまったく戯画的であるが、事実関係だけを見るなら、雇い止め通告に抗議して白紙撤回を勝ち取り、雇用をつなぐことができたのはたしかである。あるいは大学当局も無期転換逃れで社会的に注目を集めるのはマイナスになると判断したのかもしれない。しかし、実際には喜ばしいことはほとんどない。たまたま今回雇い止めにならなかったというだけで、不安定な半年契約の非正規労働者であることには変わりない。なによりも雇い止め通告を受けた同僚のひとりが去ってしまったのがつらかった。部署で唯一くずし字読解ができて学生からの信頼もあついひとだった。

6　雇い止めの荒野に立って

雇い止め問題も一段落して、台風が過ぎたころ、しばらく開けていなかった屋台の本を天日干しするために、精華大学を訪れた。摂氏三四度、山の空気が気持ちいい。山道は少し荒れているが、食堂の前の大きな木も、顔見知りの警備員も変わらない。それでも、もうまったく変わってしまったのだと感じる。

二〇一二年に『女性学年報』という雑誌につぎのように書いた。

　貸本カフェをはじめてずいぶんと時間がすぎたあるとき、目の前に広がる大学広場の様子を見て、頭にあるひとつのイメージが一気に広がった。それは陽光降りそそぐ初夏の昼間には似つかわしくない、廃墟のイメージだった。

　ここにはもうかつての同僚もほとんどいなくなり、たぶん数年のうちには部署もなくなっ

＊14　その結果、準備をして話しあいにのぞむ余地がうまれた。これは雇用者側には、暗に労働争議に発展する可能性を示唆したことにもなる。もちろん実際に非正規のための組合に相談するのもいい。

てしまうだろう。かの女／かれらの一人ひとりの名前を思い出したり、書き出したりしてみても、もはやごくわずかな学生をのぞいて、だれもそのひとたちがここにいたということすら知らないのだ。あいかわらず目の前を専任のひとたちがいったりきたりしているが、そのひとたちは、自分たちが教えているその場所が、もうすでに瓦礫の山なのだということが見えているのだろうか。不公正が徹底して見逃され、その痕跡すらきえさろうとしているこの場所で、なにを教えたりしていくことができるんだろうか。*15

その予想どおり、日本語リテラシー教育部門は二〇一四年にはなくなった。二〇〇四年から一〇年にわたって蓄積された教育実践が、なによりもそこで働いていた固有名を持った存在としての教員たちが大学からいなくなった。日本語リテラシーだけでなく初年次教育部門の嘱託助手、学生課や教務課の派遣職員、嘱託職員、顔や名前が記憶の端のほうに残っている二〇人以上の若い教職員、そのうちのたったのひとりも残っていない。その一方で、二〇一三年には新学部ができているが、その学部も二〇一八年度の入学定員充足率は五二・五％とふるわず、人文学部も急激に入学者数を減らしている（追記――その新学部も二〇二一年度に学生募集を停止している）。若い教職員をつぎつぎに使い捨てにしながら、学部や学科の看板を新調し続けるという荒廃しきった大学の現状がある。

そんなことを考えていると、屋台の前を当時の人文学部学部長がとおりかかった。テレビ局の取材に、非正規を交えた話しあいも必要だ、とかっこよく語っていたひとだ。結局、話しあいはおこなわれなかった。

声をかける。きょうはどうしたの、ときかれたので、屋台を開けに、と答える。まだやってるの、という顔をして去って行った。

このひとには、なにも見えていないのだ、と思った。ここに、雇い止めになった人間がいる。ここにいない無数の雇い止めになった教職員が、どんな思いで去ったのか、そのひとたちがいない風景がどれだけさみしく殺伐としているのか、なにも見えていない。そこでは大学は経済的に「合理的」な選択をしているように見えて、実際には大学の活力の中心をそぎ落としている。雇い止めになった教職員たちは二度と戻ってこないし、ほんらいその場所をつくりあげていくために考えられたさまざまなアイデアや経験は永遠に失われる。

——日が傾きはじめたので、屋台に本をしまった。帰り道、蝉の声が山に響く。つぎに貸本カフェを開けるのは秋のはじまりのころだろう。

おわりに

大学に関する文章の依頼を受けたと相談したとき、Aさんは川端通りの韓国料理屋のカウン

＊15　山家、前掲「貸本カフェからながめる京都精華大学の五〇〇日」、一一二頁。

ターで「書くことなんかほんとうに無力だけどね」といった。その感覚は、とてもよくわかる。だれに対して、なにを書けばいいのか。大学の危機や崩壊はさんざんいわれてきたが、そういった論考がわたし（たち）を勇気づけたり、実際に非正規の現場を生き抜くなかで役に立つだろうか。少なくとも必要なのは統計や分析的な視点ではなく、なにが奪われているのか、どこに問題があるのか、専任教職員を含む大学にかかわるほとんどのひとに見えていない問題を、当事者の視点から書くことだ、と感じた。たまたま手にとった本のなかの「働きづらさや生きづらさという、ある立場の人から見た世の中の不均衡。それを口にしなければ、世の中は平和だし、誰も怒らない。けれどいったん構造に物申し始めたとき、世界は一変する」[*16]という言葉にも勇気づけられて。労働契約法の改正から五年をむかえる二〇一八年に大量の雇い止めが出るということ以上に、わたしやAさんという固有名をもった人間が、非正規としてどんなリアリティを生きているのかということを書きたかった。そこで雇い止めという経験そのものについて書くことにした。悲劇として消費されないようなやりかたで。

すでに失われてしまった風景について、抵抗の実践について書いた。京大吉田寮が直面する危機、これからも失われ続けるであろうひとと ひととのつながりについても。わたしは慣れ親しんだ仕事を続けるために、半年後に再び面接を受けるだろう。Aさんは「契約通り」一年半後には雇い止めになる。脳をハードディスクに入れることは現在の技術ではできないから、職場からはAさんの能力も経験もすべてきれいさっぱり失われる。京大当局が吉田寮生に押しつけた退寮期限は、二〇一八年九月末である。すべて現実に起こっていることで、なにもしなければ悪くなっていくままである。

どんな方法があるだろう？　非正規労働者は生き延びるだけで十分にがんばっている。それでも友人に、同僚に、感じている問題を話すことはできる。もちろん組合に相談してもいい。言葉にすることで、悪いのは自分の働きかたではなくて雇いかたなのだ、と思うことができるかもしれない。ただし、雇い止めにならないように相当に注意深く言葉と相手をさぐらないといけない。

もし、この文章の読み手が専任の教職員であるなら、アメリカのメーデー・スピーチでジャン・ジュネが呼びかけたように、こう書こう。必要なのは「象徴的な動作ではなく、現実の行為」[*17]なのだ。つまり、すぐ目の前の非正規の「ジェノサイド」[*18]をやめさせることだ。虐殺《ジェノサイド》という言葉は決して大げさではなく、雇い止めは人間を、生活を、ひととひととのつながりを抹殺していく。

＊16　小川たまか『「ほとんどない」ことにされている側から見た社会の話を。』タバブックス、二〇一八年、一五七頁。

＊17　ジャン・ジュネ『公然たる敵』アルベール・ディシィ編、鵜飼哲ほか訳、月曜社、二〇一一年、七四頁。一九七〇年五月一日、アメリカのニューヘヴンでブラックパンサー党支援の示威行動がおこなわれたとき、ジュネはリベラルな人びとの「意識の気休め」としての象徴的な動作ではなく、あらゆる生活の現場で、異議申し立てという現実的な行動が必要であるとスピーチしている。

＊18　藤田和恵「非正規労働者五年目の「ジェノサイド」――無期雇用への転換逃れか、相次ぐ雇い止め」『Yahoo! ニュース』（二〇一八年六月一四日配信〔https://news.yahoo.co.jp/feature/985〕二〇二三年五月二五日閲覧）。

まずは大学のなかのどこに非正規がいるかを知り、話をきく必要がある。まちがっても「ずっと続けられる仕事じゃない」、「新しい仕事がはやくみつかるといいね」といった共感ですらない言葉をかけてはいけない。組合は非正規の時給の賃上げを要求するよりも、かの女／かれらがいつまでも職場に残れるようにたたかうべきだ。大学の危機や崩壊を嘆いたり、警鐘を鳴らしたりする前に、事務室で出張書類を受け取った派遣の職員が一〇年後もそこで働ける方法を考えるほうがいい。社会が変わるのを、人びとの意識が変わるのをゆっくり待ってはいられない。いつだってわたし（たち）はそこにいて、そしてすぐにいなくなってしまうのだから。

第三章　クィアがここに住んでいる

不可視化に抗して

ふっと思いだされるひとの名前やできごとがある。セントラルヒーティングの乾燥しきった部屋や、ラジオから流れるアニー・ディフランコの声、「異性愛中心主義反対（Anti Heterosexism）」というレンガの壁への落書き、コインランドリーの安い柔軟剤のにおいといった記憶とともに、具体的なできごとが鮮明に意識に浮かぶ。英語を母語としない留学生としての経験は、そのときにリアルタイムで理解したり、反応を返したりすることができなかった分、何度も何度も立ち帰っては問いかける記憶の地点として体に刻まれている。

その冬は、特別な冬だった。一九九八年一〇月、ワイオミング州ララミーという田舎町では、二一歳の大学生マシュー・シェパードが小雪の降る夜に殺された。シェパードは大学でもゲイであることをオープンにしており、その夜はたまたま地元のバーにひとりでいた。同世代のアーロン・マッキンリーとラッセル・ヘンダーソンに声をかけられたシェパードは、家に送るという提案でマッキンリーの運転するピックアップトラックに乗り込んだ。しかし、車は家にはむかわず町外れの平原の真ん中で停まった。そこで車から降ろされ、木の杭に縛りつけられたシェパードは銃底で頭蓋骨が陥没するほど激しく殴打され、そのまま放置された。一八時間後に自転車でとおりかかった同じワイオミング大学の学生に発見されるが、移送先のコロラド州の病院で五日後に意識が戻らないまま亡くなっている。[*1] マッキンリーとヘンダーソンは、シェパードが発見されるよりもはやく、町でヒスパニックの若者二人と喧嘩しているところを逮捕され、のちに終身刑になった。

留学先のアンティオーク大学の新聞 *The Antioch Record* には、「わたしはマシュー・シェパード（I am Matthew Shepard）」という事件の概略を伝える署名記事が一〇月一四日に出ている。記事は大手メディアによる報道をまとめたもので、ワイオミング大学のホームカミングパレードにシェパード事件への抗議者約四五〇名が参加したことや、オハイオ州のコロンバスでは、ゲイの活動家たちが蝋燭を灯してシェパードを追悼するヴィジル（通夜）を企画したこと、その一方で中絶反対派がシェパードの死について声明を発表し、そのなかでレズビアンやゲイたちに市民権を認める反ヘイトクライム法の制定に強く反対していることなどを伝えている。[*2] コロンバスはアンティオーク大学からも車で一時間程度のところにあり、記事にある一〇月一三日のヴィジルには多くの学生が参加した。

シェパードの事件は、アンティオークという小さなコミュニティにも大きな波紋を投げかけた。「このキャンパスにいても、いま安全とは思えない」という *The Antioch Record*（一〇月一三日）におけるひとりの学生の発言にも明らかなように、異性愛中心主義の社会でたとえばレズビアン、ゲイ、バイセクシュアル、トランスジェンダーとして生きるということは、あらゆる場所で常に暴力と直面しなければいけないということ意味している。

ここでは、アンティオーク大学のクィアコミュニティやそれぞれの学生たちがどのような形で、日常的なキャンパスライフのなかの暴力に対して声を上げ、状況を変えるために行動したのか、当時の学内新聞と自分自身の記憶をたよりに見てゆきたい。それらの実践は四半世紀も前のできごとであるにもかかわらず、現在においても異性愛中心主義とＬＧＢＴの不可視化の問題を考えるときに重要な視点を提示している。

＊1　*The New York Times*, October 10, 13, 1998.

＊2　K. Franck, Gay Student Killed in Wyoming Hate Crime : I am Matthew Shepard, *The Antioch Record*, October 14, 1998. 元々の新聞の署名は実名になっているが、発表媒体が少部数の学内新聞であること、現在どのようにＬＧＢＴの活動とかかわっているのかわからないことなどから、この文章では執筆者・発言者はすべて仮名とした。

図4　アンティオーク大学メインビルディング

Ⅰ　アンティオークコミュニティとクィアセンター

アンティオーク大学はオハイオ州のイエロースプリングスという人口三五〇〇人程度の小さな町にある。町のメインストリートであるゼニア・アヴェニューに沿って図書館や映画館、数軒のカフェなどがあるが、五分も歩けば町を出て広大なグレン・ヘレンの森につきあたる。ほとんど森のなかにあるといってもいい大学のキャンパスの中心には、一九世紀の開校時に建てられた、リューベックの聖マリエン教会を彷彿とさせる塔を持つメインビルディングがそびえ、まわりに教室や学生寮が点在している（**図4**）。一九九八年当時のキャンパスの学生数は新入生をむかえる九月でも四〇〇名程度だろうか。週末になると車を持った学生たちは近隣の町やショッピングモールにでかけ、閑散としたキャンパスでは木々の枝から顔をのぞかせるリスのほうが人間よりもずいぶん目立っている。

大学に入るとすぐに配られる *Antioch College Survival Handbook* の冒頭に「アンティオークはきわめてユニークな大学であり、そのことの多くはコミュニティガバメントのあり方におっている」[*3]と書いてあるように、その学内自治制度はきわめてラディカルなものであった。たとえばコミュニティガバメントは大学の管理・運営部門である AdCil（Administrative Council）と学内生活に関する立法部門である ComCil（Community Council）というふたつの組織から成っているが、AdCil には理事二名、大学総長、教員代表、コミュニティマネージャー（学生自治会長）、職員投票によって選出される職員一名、教員投票によって選出される教員二名、学生投票によって選出される学生三名と教員二名が参加することができた。

学生の活動もさかんで、学内の人種的マイノリティの状況改善を目的とするTWA（Third World Alliance）、セクシュアル・ハラスメントや摂食障害、女性の身体イメージなどについて考えるためのスペースを運営する女性センターなどさまざまなグループがあった。わたしは京都精華大学からの一〇名の留学生のうちのひとりとして、八月の終わりにオハイオに到着し、ミルズという学生寮で新入生たちに混じって生活をはじめている。京都にいるころはジュディス・バトラーの『ジェンダー・トラブル』とセックスワーク論に興味を持っていたが、アンティオークにきてからは、英語の難しいポストモダン・フェミニズムの授業は避けて人類学のコースを履修していた。学内でしばしば目にするクィアセンターの活動に関心を持ったのは、一〇月のナショナ

＊3 *Antioch College Survival Handbook 1998–1999*, p. 8.

ルカミングアウトデイ*4のころからである。クィアセンターはゲイやレズビアン、バイセクシュアル、トランスジェンダー、そして周縁的なセクシュアルアイデンティティを生きるひとたちのサポート*5を目的とするグループで、学内のクィアイベントなどに積極的に取り組んでいた。

2　一通の投書

シェパードの事件が全米メディアをとおして伝えられた週は、一〇月一一日の日曜日のナショナルカミングアウトデイにむけてアンティオーク学内でも、クィアセンター企画による上映会やダンスパーティなどがおこなわれた週だった。八日には、学内カフェでクィアコーヒーアワーがあり、九日には午後一一時から午前二時までクィアダンスパーティ、一〇日、一一日とクィア映画祭が開催されている。

九日金曜日の夜に、ユニオンビルディング（学生グループのための部屋が集まっている建物）の二階のダンススペースでおこなわれたパーティには、多くの学生が異性装で参加し、ダンスが得意な学生はステージの上で積極的にパフォーマンスをしていた。パーティは午後一一時ごろにはじまり、部屋に戻ったのは深夜二時過ぎのことだった。当時の自分の記録を見ると「どうも変な感じ」という走り書きのようなメモだけが残っている。いまとなっては、分節化されていない一文では、その違和感がどこからきたのかはっきりとはいえないのだが、全体的な印象としては女装をした新入生たちがはしゃいでいる姿が目立っていた。
そのパーティの数日後に *The Antioch Record* に掲載された「アンティオークはクィアフレンドリーじゃない」という一通の投書が、そのときの問題をはっきりと示しているように思える。投書はクィアの立場から、学内の異性愛者を中心とした「クィアフレンドリー」なポーズの欺瞞性を批判するものだった。

コミュニティへ
みんなよくきいて。わたしはクィアだってアンティオークで話すとき、ぜんぜん心地よくない。何をいってるか理解できる？　アンティオークは「クィアフレンドリー」なポーズを取っているけど、ガールフレンドについて話すときやクィアイベント（しっかり準備した企画や、それか単にみんなに「ハイ、わたしはダイクなの」[6]って主張するためのものであっても）への制度的なサポートを頼むときに、わたしは不快な思いをする。それはね、そういう話をす

＊4　一九八七年にワシントンDCでレズビアンとゲイのパレードがおこなわれた日で、翌一九八八年にそれを記念して制定された。
＊5　*Antioch College Survival Handbook 1998–1999*, p. 77.
＊6　ダイク（Dyke）はもともとレズビアンへの蔑称だったが、当事者たちがその呼称を自ら名乗りはじめたことによって、現在では肯定的な文脈でも用いられる言葉になっている。おもに欧米圏でレズビアンを指す言葉として流通している。

ると人びとはわたしを変な目でみるから。人びとはすべてのものに異性愛性（straightness）を仮定するから、わたしが話をすると奇妙なものを見るみたいな目をする。それか、かれらは自分たちを「クィアフレンドリー」だと思っていて、クィアについての話はこれ以上聴く必要もないと感じているのかも。そんなふうに思うのはわたしだけじゃない。

　いい例をひとつ。今週末はナショナルカミングアウトデイで、ほんとうはレズビアン、ゲイ、バイセクシュアル、トランスジェンダーが外に出て肯定されるはずの日だった。でも、わたしが見たのは、まったく正反対の光景。友人たちは大学のキャンパスにチョークでクィアに肯定的なメッセージを書いて非難された。土曜の夜のクィアパーティは、ほんとうはクィアの歴史と文化の祝祭になるはずだった（こんなふうに書くけどマンディとリズのパーティのための努力に感謝。ありがとう、ガールズ）。わたしが見たのは、パーティがクィアを性的な存在としてしか見ていない異性愛者たちに乗っ取られた様子だった（べつにクィアがセクシーだってことを否定したいわけじゃない。でも、わたしたちは、そのことだけ考えて生きてるわけでも、食べてるわけでも、呼吸してるわけでもない。それなのにわたしたちがここでクィアについて話したり祝福したりすることが許されるのは、性的な存在であるときだけみたい。いったいそれってなんだ?）。一年でたった一日だけドレスを着て女（男）装しても、あなたが「クィアフレンドリー」になるわけじゃない（わたしの高校のサッカー選手たちは、学校の激励会のときにいつだって、チアリーダーの格好をしていた。かれらはくそまちがいなく「クィアフレンドリー」じゃなくて、単に女性を馬鹿にしていただけ）。

——わたしのいうことはビッチって感じ？　わたしはそう。わたしはビッチのダイクで、そして死ぬほど怒ってる。だってみんなはまったく共感的じゃないし、クィアだってアンティオークで話すとき気持ち悪くなる。わたしがクィアの問題について話すとみんなは驚いて混乱するみたい。だって「アンティオークは安全な場所だから」？　だれがそんなことをいったの？＊7

その投書をしたA・ロートンは四年生で、記事には「信念を持ったダイク」という署名がある。ここで引用したのは投書の一部分だが、全体をとおして読むとダンスパーティのときの不快さはあくまで一例であって、そのいらだちは日常に根ざしているということがわかる。たとえば、ロートンの投書には、人びとの自分を見る視線の問題（「わたしを変な目でみる」）、異性愛規範の押し付けに対するいらだち（「みんなはまだわたしがストレートであると仮定する」）が頻繁に登場する。つまり、そもそも問題があるとはみなされていない、日常的な場面での異性愛主義による被抑圧の体験をロートンは言語化し批判している。加えてクィアを性的な存在としてのみとらえる視線の暴力性も指摘している。

投書から八日後の一〇月二二日、ロートンの批判を裏付けるような事件が起こった。スポルトという寮の扉に貼られた男性二人がキスをしているクィアセンターのポスターに「Fags（オカマ

＊7　A. Lawton, Antioch Is Not Queer Friendly, *The Antioch Record*, October 14, 1998.

野郎たち）」と落書きされているのがみつかったのである。それだけではなく、同じ寮のエレベーターのクィアセンターのポスターには、ナチスの鍵十字が落書きされていた。*The Antioch Record* はすぐに号外を発行し、それらの行為をコミュニティが対応すべきホモフォビアとして明確な意思表示をおこなっている（**図5**）。

october 23 vol 54 #18

the Antioch RECORD

special edition

community reacts to homophobic actions

Anti-Queer Graffiti Found in Spalt

On Thursday, October 22, two flyers in Spalt Hall, one on a door, and the other in the building's elevator, were found with anti-Queer graffiti written on them.

A swastika was drawn on a Queer Center flyer posted in the Spalt elevator and "fags" was written on a poster of two men kissing on a student's dorm room door.

The incidents were brought to the attention of Community Managers just before midnight on Thursday evening. They paged the Dean of Students, notified Yellow Springs police and Antioch security, contacted Spalt hall advisors, and collected approximately 30 students for an emergency meeting in the CG office around 1:15 Friday morning.

図5　*The Antioch Record*, October 23, 1998.

記事によると、落書きが発見された木曜日の深夜にコミュニティマネージャー（学生自治会長）に事実が報告され、その後イエロースプリングスの警察への通報と大学の警備員にも届け出がなされた。午前一時一五分から約三〇名の学生で緊急会議も開かれている。*8 二三日の昼に食堂に行くと、四〇人以上の学生たちが輪をつくって、事件への抗議集会をしていた。そこで話されている内容はほとんどわからなかったが、参加しているひとたちの表情で、なにか深刻なできごとがあったのだ、ということは理解できた。

3　当事者による運動の高まりと「可視化」

新聞の号外は「クィアは沈黙しない（Queer Will Not Be Silenced）」、「我慢できない侵害（Violation Intolerable）」という見出しで、学内のレズビアンやゲイといった当事者の声を紹介している。「異性愛者も立ち上がって声をあげる必要がある」*9という主張も紹介されている。それらの新聞が伝えるメッセージだけではなく、二三日の夜には差別落書きを批判するフライヤーも登場している（**図6**）。フライヤーはきわめてシンプルに、「もしクィアの団結を訴えるポスターに鍵十字を書くことが楽しくてたまらないひとがいるなら、このつぎは図々しく内線番号も書きなさい！」*10と主張する。二五日の日曜日には、アンティオークからイエロースプリングスの町へとむかう反ヘイトマーチと集会が企画されている。

一連の反ヘイトアクションの高揚は、一〇月二七日のコミュニティミーティング（毎週火曜日に開かれる全学集会）で、ピークに達した。集会はクィアとその支持者によって企画されたもの

---

*8　S. Holman, Anti-Queer Graffiti Found in Spalt, *The Antioch Record*, October 23, 1998（special edition）. 即座に警察への通報がおこなわれているという事実にも、シェパード事件以後のアンティオーク学内における危機感の高まりを見ることができる。

*9　*The Antioch Record*, October 23, 1998. C. McArleton の発言。

*10　*The Antioch Record*, October 24, 1998.

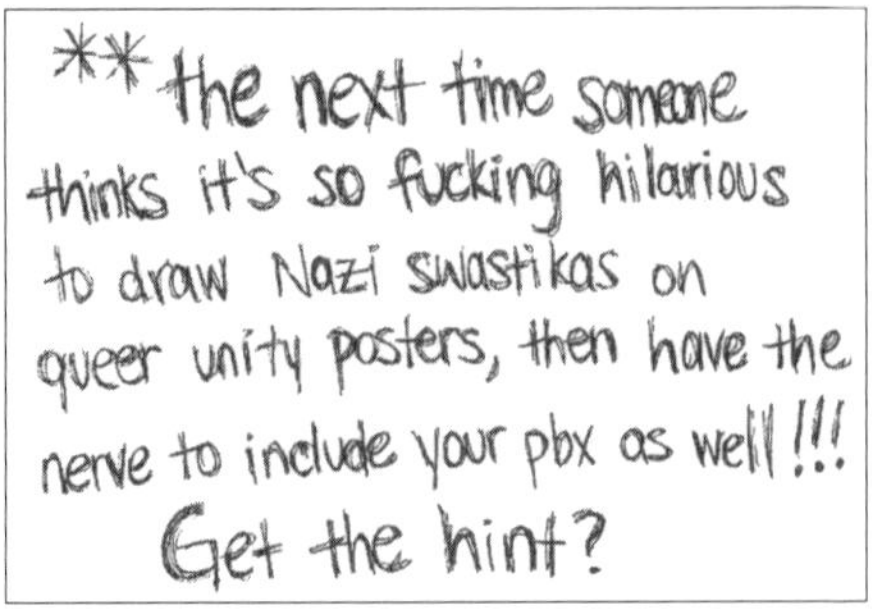

図6　差別落書きを批判する学生によるフライヤー

で、約三〇名のメンバーがピンクトライアングルを胸につけてスピーカーとして参加した。二〇〇名近い参加者の前で、三年生のK・フランクはアメリカにおけるLGBTが被害者となった犯罪統計を紹介し、教室から出ていった。ほかのメンバーたちも教室のさまざまな場所に立ち、やはりレズビアンやゲイ、バイセクシュアル、トランスジェンダーが被害者になった事件のメモを読み上げてからフランクのあとを追い、最後にはミーティングの場所にピンクトライアングルをつけたメンバーがひとりもいなくなった。会場に残った三年生のH・ゴールマンが「これがクィアのひとたちがいない世界だ」と発言する。

いま当時のコミュニティミーティングを撮影したビデオを長らく使っていなかったデッキに入れて見てみる。マクレガーホールの茶色いオークの壁の前に立つ、懐かしい顔、顔、顔。散髪に失敗して前髪が極端に短くなったわたしも写っている。ピンクトライアングルをつけたメンバーがひとりもいなくなり、静かになった教室。再び扉が開くと、出ていったひとたちが今度は手をつなぎあって教室に入ってきた。それから、遠くの事例ではなくて、自分たち自身について語りはじめた。「わたしはクィアではなくてトランスジェンダーのレズビアン」という学生もいる。そのときよりも英語がわかるようになって見てみると、語り手によって自分自身のセクシュアリティを告げる言葉に違いがあることに気づく。しかし、クィア、レズビアン、ゲイ、バイセクシュアル、トランスジェンダーとどの言葉で自分を表現していても、多くの発話者はそのアイデンティティを激しい痛みの記憶と関連づけて語っている。「わたしはクィア。そのことで妹は学校にいくといじめられる」。しぼりだすような声で、それでもはっきりと発言する教員。「わたしはゲイだ。そのことは、わたしが父親ともう関係を持っていないことを意味している、生きているただひとりだけの親なのに」。「わたしはクィア。いまはそのことを母親にいうのがこわい。まだ経済的に依存しているから」。

集会の最後には、*The Antioch Record* へ投稿をしたA・ロートンが、つぎのようなメッセージを読み上げた。「歴史的にいって、被抑圧者たちのグループはそれぞれのグループ同士が対立するように仕向けられ、自由を求めるたたかいは分断されてきた。抑圧者は自らの権力を維持するために伝統的にその方法を使う。わたしたちは、そんな痛みに満ちた、無益な歴史をたどるべきじゃない。このアクションの目的は、クィアひとりひとりの声を共有し、対立をこえた連帯を築くことだ」[*11]。その言葉のとおり、そのコミュニティミーティングも含めて、アンティオーク学内における反ヘイトアクションは、まず多様な経験を、語りあうことをとおして、異性愛者も含めたコミュニティメンバー内で共有し、そこで生活するLGBTが安全であると感じられる空間をつくることを目的としていた。経験を語ることは、当事者のエンパワメントであるのと同時に、異性愛を自明とする社会的な視線との直接的なたたかいでもある。分断されている当事者の精神

＊11　*The Antioch Record*, October 28, 1998.

的な孤立感をなくすのと同時に、学生によるエスコート活動（精神的、身体的な危機を感じた学生が電話をすればいつでもカウンセリングのトレーニングを受けた学生が駆けつけて対応する活動）や学生による学内パトロール団体の結成などの物理的な意味でのサポートも積極的に取り組まれた。

それらのアクションは結果的に、アンティオークという小さなコミュニティのなかで、レズビアン、ゲイ、バイセクシュアル、トランスジェンダーが自由に発言することができる空間の拡大につながっていったといえる。九月に入学して間もない新入生たちが、*The Antioch Record* で積極的に自分のセクシュアリティについての発言をおこない、寮のレンガの壁面には「異性愛中心主義反対（Anti Heterosexism）」と「クィアがここに住んでいる（Queers Live Here）」という大きなふたつのグラフィティが現れた。しばらく時間が過ぎたあと、学内のいたるところに残った「わたしたちはここにいる」という強いメッセージを見て、異性愛中心主義社会のなかで不可視にされてきたものが、ここでは当事者の発言と行動をとおして、はじめて目に見える形で浮かび上がってきたのだと感じた。

4　アンティオークから遠く離れて

はるか遠くなったアメリカでの体験をいまはじめて整理しなおしてみて思うのは、このときのさまざまな語りとの出会いが、わたしにとって生活のなかの異性愛中心主義やジェンダー規範を問いなおすひとつの原点になっているということである。いつかこのできごとをしっかりと書きたいと思っていたのか、新聞の切り抜きもダンボールのなかにまとめてあった。ほんとうは当時キャンパスにいたほかの学生にもそのときの印象をききたかったのだが、それはかなわなかった。当然、英語を母語とする学生は、わたしよりもはるかに多くの情報を得ていただろうし、より詳しく印象を語ることができただろう。異なる視点からの意見として、新聞に残っている一〇月二七日のコミュニティミーティングに対する感想をふたつ紹介したい。

教育学のH・ラトソン教授は、「とてもすばらしい。わたしたちがともに行動するきっかけになることを期待している。ミーティングの企画者たちがクィアコミュニティのなかにある差異にしっかりと目をむけていることがとてもいいと思った。通常そういった差異は、あまり重要視されないものだから」と、異なる視点からの語りであってもそれぞれを尊重するような形で集会が企画されたことを評価している。二回生のE・カリーロは「Kが部屋を出ていったときがほんとうに胸に突き刺さるような瞬間だった。ホモフォビアを身近な問題として感じた瞬間だった。わたしはよく知っているかれがおそろしい犯罪の犠牲者になる場面を想像した。それはほんとうに最悪だった。けれどその経験はわたしの目を開かせてくれた」と、想像することで近しい友人とホモフォビアの問題がつながったということを語っている。[*12] 新聞に紹介されているのは、基本的にはアクションに対するポジティヴな見解なのだが、そのなかでも異性愛中心主義批判をコ

*12　どちらの発言も *The Antioch Record*, October 28, 1998.

ミュニティで取り組むべき問題という認識を示しているひとが多いという印象を受けた。

アンティオークの話から離れて、より大きな社会状況を考えると、一九九八年から現在（追記——この文章を書いた二〇一五年当時）までの間に、ＬＧＢＴを取り巻く法制度的状況は大きく変化した。たとえばアメリカでは二〇〇九年にセクシュアリティや障害を理由とした犯罪をヘイトクライムと規定するマシュー・シェパード法がバラク・オバマの署名で成立し、二〇一五年六月には最高裁が同性婚禁止を違憲と判断した。日本においても、性的マイノリティへの差別を禁じ、異性間の婚姻関係と同じような制度的サポートを目的とする「男女平等及び多様性を尊重する社会を推進する条例」が渋谷区で可決され、二〇一五年四月一日から施行されている。[*13] 同年七月七日には同性婚人権救済弁護団（ＬＧＢＴ支援法律家ネットワーク有志）が日本で同性婚が認められていないのは人権侵害であるとして日弁連に人権救済の申し立てをおこなっている。ただ、同性間パートナーシップの拡大についていえば、レズビアン、ゲイ、バイセクシュアルといった当事者の不可視性を弱めていく啓蒙的な可能性を持ちつつも、それによって異性愛中心主義が揺らぐわけではないという点にもまた注意が必要である。

わたしはアメリカ留学を終えて京都に帰ってしばらくしてから、左京区で一軒家を借りて大学の友人と住みはじめた。住人は何人も入れ替わったが、いまも同じ家に住んでいる。冬がくるたびに比叡山からの冷たい風に吹かれ続けた築四五年の二階建ては決してきれいとはいえないが、春には紫陽花が咲き乱れ、秋には金木犀が部屋中に香り、毎朝明け方には玄関先で野良猫が喧嘩するというのどかな環境である。

一階には「この家には同性愛者が住んでいます」という一枚の貼り紙がある。かつてこの家の住人で、セクシュアリティをオープンにしているゲイの友人が二〇〇〇年代中ごろに書いた。ともに生活するなかで、あるときには台所で料理をつくりながら、あるときは拾ってきた犬の世話をしながら、ときには猫の看病をしながら、たくさんの言葉を交してきた。住みはじめたころにかれは、大学で自らのセクシュアリティをオープンにしていることについて、「たとえばぼくがここに安住していたとしても、それは一段と巧妙なクローゼットかも知れない。日常的にゲイでいようとするには、カムアウトしてようがしてまいが、より慎重なクローゼットとの対決が必要だ」[*14]と書いている。クローゼットとは、カムアウトしていない同性愛者が囲まれている暗い空間の比喩であるが、たとえカムアウトしていたとしても、新しい人間との出会いや異なる場所を訪れるたびに、ゲイであることが想定されない、不可視化の暴力と対峙し続けなければいけないという困難がここでは述べられている。もちろんそれはシェアハウスというきわめて小さなコミュニティにおいても変わらない。親しい関係のなかでゲイであるということが伝わったとしても、

＊13　一方で同条例にはピンクウォッシュ（LGBTフレンドリーな姿勢をアピールすることでその他の人権侵害や暴力を隠蔽すること）的側面があることにも留意が必要である。「多様性の尊重」を同性間パートナーシップの根拠として掲げているにもかかわらず、渋谷区は二〇一四年末には区内の宮下公園を閉鎖し、野宿者を完全に閉め出した。

＊14　ナカタニカウヤ「セイカ大における「日常」としてのクローゼット」『イツカノユウグレ』創刊号、二〇〇一年七月七日、一七頁。

異性愛中心主義やジェンダー規範への批判が共有されなければ、そしてなによりもゲイとして生きてきた経験がしっかりとときかれる空間でなければ、そこがまた新たなクローゼットになってしまう。そんなかれがかかえてきた問題意識や、わたしがフェミニズムを学んでいたこともあって、かれが住んでいた七年間は、生活のなかで異性愛中心主義やセクシュアリティ、ジェンダーについて対話を繰り返す毎日だった。いま思うと、そのときの対話は、この場所をLGBTの疎外や性差別のない空間にしたいという現在のわたし自身の思いと直接つながっている。

いまでも大晦日になると、かれも含めて過去の住人や友人たちが家に集まる。セクシュアリティをオープンにしているひと、していないひと、まったく違和感なく異性愛規範を生きているひと、ジェンダートラブルをかかえているひと、よくわからないひと、結婚したばかりのひとたちなどが、同じテーブルを囲んでテレビを見たり、年越蕎麦を食べたりする。わたしは台所に立って料理をつくっていることが多いが、どんなことが話されているのかときどき耳を傾ける。当事者の発言が無化されないように、一般化されてしまわないように、注意深く言葉を探すこともある。決して一様ではないさまざまな語りのなかに立ち上がる当事者の経験や、その語りをきいたときの感触や、想像することが、たとえいますぐではないにしても、それぞれの生活の現場に、静かな波のように広がっていくことをいつも夢見ている。

第二部　遊廓のなかに響く〈声〉

第四章　遊廓のなかの「新しい女」

和田芳子『遊女物語』が切り拓いた地平

客となって、贔屓《ひいき》にして下さった方々のことを、この物語の材料にしたことは、申訳がありません。とりわけ公にすべきでないお手紙を、前編に出しましたために、ご迷惑なさった方も、三五人はありましたそうですが、書肆《ほんや》さんのご注意もあり、皆ご本名は隠してもありますし、悪い心があっての悪戯でもありませんかったので、幾重にもご勘弁を願うのであります。なおお客様から戴いた、お手紙やお端書《はがき》の数は、二千以上に上って居りますけれど、これらはみな、この楼を出る前に、焼いてしまいますから、どうぞご安心くださいませ。

——和田芳子*1

*1　和田芳子『続遊女物語』文明堂、一九一三年、自序四、五頁。

一九一三（大正二）年、青鞜社の女性たちは「新しい女、その他婦人問題について」（一月号、二月号付録）において、雑誌や新聞メディアがそれまで非難や揶揄の意味で用いていた「新しい女」という言葉を、みずから積極的に名乗ることによって肯定的なイメージへの反転を試みた。その「新しい女」をめぐる社会的な論争は女性史研究でも頻繁に取り上げられてきたが、それとほぼ同時期に、遊廓のなかで本を書き、やはり「新しい女」と新聞から揶揄されたひとりの娼妓がいたことは現在ではほとんど知られていない。

前年の明治天皇の死去を受けての「諒闇」（国をあげて喪に服すこと）であった一九一三年一月の終わり、内藤新宿遊廓で働く和田芳子という娼妓による『遊女物語――苦海四年の実験告白』（以下『遊女物語』）が発行された。『遊女物語』発表時の和田の年齢は二六歳であり、*2 稼業明けまでおよそ半年という時期だったため、楼主や朋輩への配慮から作品のなかで楼名や所在は伏せられ源氏名も実際の君代から君香に変更されていたが、すぐに新聞記者の取材によって明らかにされてしまった。そのように発売直後から大きな話題を呼び、和田自身が続巻の『続遊女物語』でまとめたところによると、『京都日の出新聞』（一月二七日）を皮切りに、以降、『弘前新聞』（二月二六日）から『九州日日新聞』（三月四日）にいたるまで、わずか一ヶ月と少しの間に、全国の三〇以上の新聞で紹介されたという。*3

前編が世に出まして以来、私の身は、非常の多忙を極め、一月二十五日の夜、某新聞記者が始めて訪ねて下さいましてから、三月三十一日に至るまで、名指しのお客ばかりが、すべて四十九人、そのお客様がまた、二度三度四度と馴染を重ねて下さったり、古い馴染の方も尋ねて下されば、名指しでない、普通初会のお客様もありまして、目もまわるほど忙しいその上に、前編を出して後は、手紙を書いていても、また本を書くのなどなど、朋輩衆に睨まれるのがうるさくて、筆を取るにも、そんな人達の目も避けねばなりませず、いとどさえ拙《つた》ない筆の、尚更に拙ない上に、またしても、思うことを、思うようにも書けなかったのであります。(『続遊女物語』、自序三頁)

和田は前編(『遊女物語』のこと)を書いたことによって朋輩からねたまれもしたが、従来の馴染客に加えて本を読んだ新規の客まで登楼したことで多忙をきわめたという。

社会的な影響も大きく、『遊女物語』が話題になったことで、娼婦名義の出版ブームとでもいうべき現象を引き起こした。一九一三年一月から八月までの間に、角海老楼宮城野『浮き川竹遊女日記』(博盛堂、五月五日発行)、和田芳子『続遊女物語』(文明堂、五月八日発行)、永井はつ子『遊女恋物語』(国華堂、五月二三日発行)、谷口くら『苦海三年』(三芳屋書店、六月五日発行)、村

*2 和田、前掲『続遊女物語』、自序七頁。
*3 和田、前掲『続遊女物語』、三九〇―三九八頁。ちなみにわたしが実際に調査した結果、リストにあがっている三二紙のうち国立国会図書館に所蔵のある一九紙に掲載された一二一の記事に関しては実在していることを確認した。それらの新聞掲載記事と『続遊女物語』の抜書きはすべて一致したので、和田のリストは正確である。

崎静子『千束町より』（鹿野書店ほか、七月一八日発行）など、娼婦名義の作品の出版が相次いでいる。それらの類書の多くは、記者の取材等の裏付けがないため実際の書き手が確認できない。しかし、少なくとも『遊女物語』は新聞や雑誌などの取材をとおして和田の手による作品であることがわかっている。同作は、日記を中心にした生活記録であり、その後の森光子『光明に芽ぐむ日――初見世から脱出まで』（文化生活研究会、一九二六年）や、松村喬子「地獄の反逆者」（『女人芸術』に一九二九年四月から九月にかけて掲載）といった、遊廓の経験をその内側の視点から描くという当事者文学の嚆矢であった。

しかし、公娼制度下の女性の状況に大きな関心をむけてきた女性史研究の分野でも、『遊女物語』はこれまで取り上げられたことがない。[*4] 終刊間際の『青鞜』において、伊藤野枝と青山（山川）菊栄が公娼制度や廃娼運動による娼婦への蔑視について議論した廃娼論争が女性史でもしばしば論じられてきたことを考えると、それはややアンバランスな印象を受ける。というのも、伊藤や青山が論じるよりもはやく遊廓のなかの当事者の〈声〉は書籍という形で広く社会に流通していたからである。当事者不在で、売春について論じる外部の人びとの主張に焦点があてられるというところに、現代にも続くセックスワークをめぐる問題を見ることができる。

では、当事者にとって遊廓を生きるということはどのように経験されたのか。書き手である和田芳子はどのような人物で、書くことによってなにを表現したかったのか。『遊女物語』という作品と、その作品をとらえる社会の視線のなかに探りたい。

I　娼妓が書いた本が世に出るまで

和田芳子のたどった道

和田芳子の経歴は『遊女物語』に記された遊廓に入るまでの経緯と、新聞と雑誌の記事に確認することができる。

『万朝報』(一月三〇日)の記事によると、和田は一八八〇年代後半[*5]に、四人きょうだいの長女として茨城県で生まれた。裕福な苦労知らずの父は「親に残してもらった財産を人に取らるるばかりか、人の借金までも背負いこんだりした挙句のはては、金が欲しさに知りもしない相場にまで手を出して、さんざ搾り取られ」[*6]たという。母は苦労がたたってか亡くなってしまい、それからは伯母(母の妹)が義理の母になった。経済的に困窮するなかで、和田が、弟たちは自分が奉

＊4　『遊女物語』の先行研究はほとんどない。谷川健一編『近代民衆の記録 3 娼婦』(新人物往来社、一九七一年)収録の「遊女日記」(抄録)の解説があるほかは、Ann Marie L. Davis による "The Unprecedented Views of Wada Yoshiko: Reconfiguring Pleasure Work in Yūjo monogatari(1913)" ― 和田芳子の破天荒の視点:『遊女物語』の売春" (*U.S.-Japan Women's Journal* No. 46, 2014) が唯一の研究論文となっている。Davis は新聞記事の言説を中心に、『遊女物語』の社会的インパクトを分析している。

＊5　一九一三年に発行された『続遊女物語』に「当年二六歳」(自序七頁)とあるため。もしその記述が正しければ当時は数え年であるから、一八八八年の生まれということになる。

＊6　和田芳子『遊女物語――苦海四年の実験告白』文明堂、一九一三年、一頁。

公に出ても中学は卒業させたい、と義理の母に相談したところ、近所に住んでいる義太夫の師匠の妹が芸者をしているという話をされたという。その場面は遊廓に入る直接の契機として『遊女物語』に描かれている。

「芳さん、こんなに困ってくれればね、あなたにまで苦労をかけてすみません。何という不甲斐ない母だとお恨みでしょうが、少しの間泣いてください……」

と、それとは打《うち》つけにお話はないが、その心は明かに読まれる。で、私は

「いいのよ、芸者になるには早や二年ばかりも三味線のお稽古にも行かないから、とてもだめでしょう。お女郎でも何でも死んだ気で行きましょう。早く連れて行ってくれるように

図７　『都新聞』（1913 年 1 月 27 日）掲載広告

して下さい」

と口には潔よくいったが、心には悲しさつらさが一杯で、いっそ死んでしまいたい。けれども母への義理で、この場合どうしてもこう返答するより外には考えがなかった。（『遊女物語』、四頁）

最終的に一九〇七（明治四〇）年六月に前借金七〇〇円、六年契約で内藤新宿の大萬楼に入ることになった（『都新聞』一月三〇日）。内藤新宿遊廓は甲州街道沿いの宿場町に形成された遊廓で、のちに一九一〇年代後半に現在の新宿二丁目に移転し新宿遊廓となっている。*7

ところで、和田は「卒業したらば裁縫と割烹を勉強しようと思っていたが、そんな事どころか、家も人手に渡って借家をするという始末」（三頁）と遊廓に入る前の家の状況を回想している。ここで「卒業」と書かれている学歴についてははっきりとはわからないが、新聞に掲載された『遊女物語』広告（**図7**）には「高女卒業の身を以て」という一文があり、『遊女物語』の客との手紙のやりとりのなかに「女学生」という言葉も登場する。本を執筆したことや、「毎月の雑誌類好んで購読し、間があれば始終何かを書いていたという」（『万朝報』一月三〇日）とも報じられていることから考えて、「高女卒業」という宣伝文句はおそらく正確だろう。娼妓の教育

*7　日本遊覧社編『全国遊廓案内』一九三〇年（＝南博ほか編『近代庶民生活誌　第14巻』三一書房、一九九三年、一九頁）

程度に関する救世軍伊藤富士雄の調査（一九一四年）によると、無就学者と尋常小学校低学年での中退者が半数をこえる当時の遊廓において、高等小学校一、二年次までの在学者は四・六％、高等女学校まで進学した者は〇・六％にすぎないので、雑誌の購読だけでなく文章による高度な表現能力を持った和田はきわめて特異な存在であった。*8

そのような教養の高さは、手紙のやりとりをとおして客の登楼をうながすことが売り上げの重要な要素である遊廓において有利に働いたようである。和田は、「『初見世』という札がとれると、席順は姉さんが一番で、私が二番。嬉しかった」（三九頁）、「姉さんが年明けて帰って後は、一番は私が引き受けて、という決心でいたが、幸に六ヶ月間は一番で……今日までありがたいことには、まだ三番と下がったことはない」（四三頁）と書いている。*9

いずれにせよ、もともと人気娼妓であった和田は、本の出版によって客がさらに増えたこともあり、実際の年季明けである一九一三年六月よりも一ヶ月半ほどはやく四月二〇日に廃業したという。その後の足取りについてはほとんどわかっていないが唯一『朝日新聞』（九月二一日）が「遊女物語という一書を著して十年の苦界を脱した君代事和田芳子は先般或る雑誌記者と結婚をした△今では神田で丸髷姿で、家事に務めているとさ」と半ば揶揄するような調子で報じている。やはり救世軍伊藤富士雄による廃業した娼妓三〇〇名の記録を参考にすると、半数以上の一八六名が結婚しており、和田もそれらの大正期に廃業した娼妓たちと同じ道を進んだのである。*10

なお和田の作品は、一九二一（大正一〇）年には『続遊女物語』が『後の夜の女』というタイトルで崇文館書店から、一九二五年には『遊女物語』がおもに建築関係の書籍を出版している金竜堂出版部から再販されているので、和田が表舞台からフェードアウトしたあとも、しばらくは社会に流通していたようである。

遊廓のなかで読む

ほとんど個人的な趣味や習慣についての記録が残っていない和田だが、『遊女物語』では、まだ家が没落する前の状況を「火曜日はお花、木曜日はお茶、金曜がお琴、土曜が三味線と、学校の外にも色々のお稽古に行って」（五頁）と回想しているので、社会的には比較的高い階層に属する家庭の子女としての教養を身につけていたのだろう。ひとつはっきりしているのは、相当の読書家であったということである。前述の『万朝報』の記事にもあるように、和田は遊廓でも日常的に本を読んでいたという。『遊女物語』と『続遊女物語』には客から届いた手紙も掲載されているが、そのなかには和田に購入を頼まれた本について言及している客からの手紙もある。

お約束の雑誌、早速送る積りでしたが、相変らずの呑気者ゆえ、姉さんの御玉章《おんたまづさ》に接し、始めて思い出した次第なのよ。悪しからず思召し下されませ。

＊8　草間八十雄『灯の女闇の女』玄林社、一九三七年、一〇一頁。
＊9　年季が明けたということ。
＊10　沖野岩三郎『娼妓解放哀話』中央公論社、一九三〇年、一四九―一五二頁。

私も先日お別れして帰って後、感冒に侵され、頭痛やら、苦痛やらにて、充分苦しみましたよ。しかしもう今日は、別段痛みは御座いません。

それ故、昨日と今日の試験の如きは欠席いたし、自分ながら不運とあきらめて居ます（芳《よし》云《いわく》、不運ばかりではないでしょう、も少し勉強しないといけませんよ）

雑誌は本日、川崎君が外出するので、頼んでやりましたが、遅いので売り切れ、明日本店より取寄せ置くとのこと故、明日お送りいたしますから、お待ち下さいませ……気が気でないから、文章とやらなってない。よくお察し下さいませ。

弟より（『遊女物語』、二四九、二五〇頁）

手紙には弟と書かれているが実際の弟ではなく文面から見て年下の客である（年上の男性からの手紙で「兄より」となっているものもある）。ここでは、客が依頼された雑誌を購入するために苦心する様子が描かれている。ちなみに、「芳云」という部分は、本の発行にあたって和田がもともとの手紙にあとから書き加えた部分である。全体をとおしてウィットに富んだ言葉が書かれており、ここでは客（おそらく大学生）の怠惰さをたしなめるようなコメントになっている。『続遊女物語』にも、客からの手紙のなかに「昨日『うきよ』郵送いたし候」（二二五頁）という一文もあり、日常的に客とのやりとりのなかで雑誌を購入していたことがうかがえる。

新聞記事のなかには、和田の文章に読書の影響を指摘するものもあった。「正に内藤千代子ソックリ、元来君代は教育といっては左程ないが好きで新聞小説を熱心に読んでいるから一寸書くのでもコツを心得ている」（『東京日日新聞』二月四日）。内藤千代子は一八九三（明治二六）年生まれの作家で、一九〇八（明治四一）年、一五歳のときに雑誌『女學世界』の一一月定期増刊号へ投稿した「田舎住いの處女日記」が三等入選し注目を集め、以後つぎつぎに投稿する作品が女学生を中心に強い支持を集めた。[*11] 実際に和田が内藤の作品を読んでいたかどうかは定かではないが、和田の作品執筆の背景には、読むという経験の蓄積があったことはおそらくたしかだろう。

それを裏付けるように和田の部屋には多くの本が並んでいたという証言もある。雑誌『うきよ』の記者は、部屋の様子をつぎのように描写している。「部屋は六畳で長火鉢、箪笥、茶棚、鏡台など例の如く飾られている。楣間《びかん》に山縣有朋公の和歌を透彫にした額はなんだか不調和である。床の間に五六冊重ねた書籍を見ると、『性欲論講話』『独歩集』『独歩書簡』三重吉の『千代紙』晶子の『雲のいろいろ』その他文学書類が二三冊もあった。流石に遊女物語の著者の抱えられた家だけ他の女郎までこんな趣味があるのかと感心した」[*12]と描写している。記者は「他の女郎」と書いているが、それは和田が、『遊女物語』を書いた君香の妹の「君代」であると記者に

---

*11 嵯峨景子「流行作家「内藤千代子」の出現と受容にみる明治末期女性表現の新たな可能性」『情報文化学会誌』、第一八巻第二号、二〇一一年、二九–三〇頁を参照。

*12 仮装記者「落籍されたる遊女物語の著者▲大萬楼へ登楼しその妹女郎と語る」『うきよ』第一号、一九一三年三月、五〇頁。

嘘をついていたからであり、実際には和田の部屋である。[*13]『続遊女物語』では、小説を書いているという客が、その蔵書の多さに驚く場面が和田の視点から描かれている。


客は先ほどから、部屋の中を見まわしているようであったが、

「大分本があるね。見せて下さい」

「ええ、どうぞ御覧遊ばせ」

客は起って、床の前に行き、

「やッ、樗牛全集があるな。僕も高山は好きです。君、話せるね」

「どう致しまして、それはただ床を飾っているに過ぎないのですよ」

「謙遜で恐れ入る。君、紅葉はどうです？　僕は実に好いと思う。今の若手では、まず三重吉だろうな。谷崎は少し落ちるようだ」

と大分小説に熱心らしい。返って、火鉢の前に来て、

「花魁で、あんな本が好きというのは、実に珍しい」

「おやそう？　変わっていても、やはり女郎ですよ」


（『続遊女物語』、五八、五九頁）

和田の視点から描きだされる客の姿はどこか滑稽ですらある。高みから「君、話せるね」「花魁で……めずらしい」という客の傲慢さに対して、和田は冷たく「大分小説に熱心らしい」とつ

きはなしたような感想を書きつけている。そこでは、常日頃一方的に見られ、評価される状況に置かれている娼妓が、反対に客の姿を見て記録しているのである。

高瀬敏徳《としのり》（火海）という編集者の存在

出版にいたった経緯について和田は『遊女物語』の冒頭で「始めより一冊の書にしようと、考えてからの筆のすさびでもなんでもない。ただ後の日の思い出にと、勤めのひまびまに書き集めたものを、ふとしたことから、お客様の口車に乗せられて、つい浮々《うかうか》と世には出す気になったのである」（自序一頁）と記している。つまり、出版の直接のきっかけは、客からの働きかけにあった。『続遊女物語』には、より具体的な記述がある。

学問浅く、文字つたなく、暇もない身の、ただほんの心覚えに書いて置きましたものを、御親切な高瀬さんが、筆を入れて下さったのでそれをまた同情厚き書肆《しょし》文明堂さんが引き受けて、世に公にして下さったのが、前の『遊女物語』でした。

然るに、あんなつまらない書物が、意外にも世間のお目に留りまして、幸いに、私の境遇

＊13　『続遊女物語』には『うきよ』の記者に嘘をつく様子が和田の視点から描かれた「かつがれた雑誌『うきよ』記者」というエッセーがある。和田はのちに記者から送られた『うきよ』を見て、「こんなヘナチョコ記者でも相当の月給をもらっておるのかしら」（九六頁）と手厳しい。

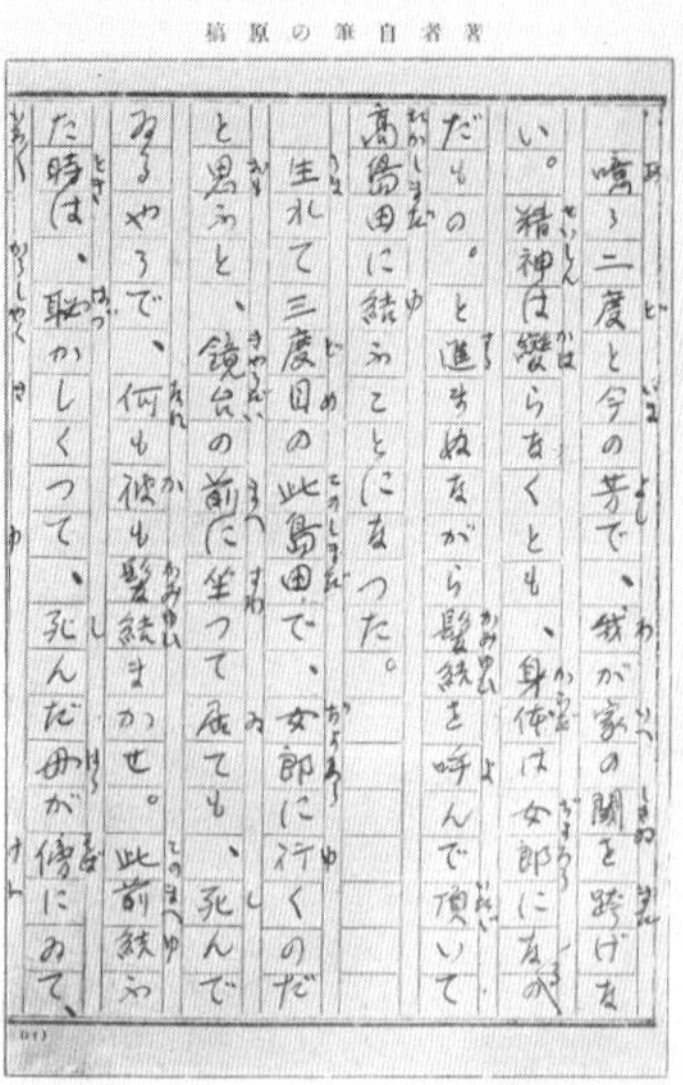

図8　『遊女物語』巻頭の自筆原稿写真

図9　雑誌『うきよ』（第1号）掲載の筆跡。「内藤新宿（判読不明）山本方井筒英雄」とある。名前は記者をからかって書いた偽名と『続遊女物語』（96頁）にある。

に同情して下さる方々もあり、又少しは社会研究の参考にもなると、新聞や雑誌に、ほめても下さいまして、賤しい身の、不束《ふつつか》な私は、ただただ恥入るばかりでありました。さても、身の恥を、再び世に晒すようではありますけれど、世の同情に甘え世の推称を力と頼みまして、世に出での後の思い出にと、又も此処に書き集めましたのが、この『続遊女物語』であります……文章の添削、編集の体裁等は、今度もまた高瀬さんにお願いしましたのです。ここに厚く御礼を申述べます。(『続遊女物語』、自序一―二頁)

『遊女物語』では「お客様」と匿名になっていたのが、ここでは高瀬という実名があげられている。しかし、そのことは『遊女物語』の発行の際にも必ずしも秘密ではなかったようで、『万朝報』(一月三〇日)は『遊女物語』出版の尽力者として若井と高瀬という二人の名をあげ、高瀬が婦人通信社の編集者であるとも言及している。雑誌『うきよ』の記者は、大萬楼で妹の君代(前述のように実際には和田本人)からきいた話として「出版するに至った動機は、君香の客で婦人通信記者若井守一《もりいち》という男があって、若井が原稿を見たのでこれを同社の主任記者高瀬敏徳に話した。ところが高瀬も同楼の抱え娼妓かしくの馴染みでかつ君香とは幼少の時から知己である関係から出版を勧めた上これを引き受けることにもした。しかし君香は遊女の材料はあっても文学者ではない。そこで高瀬なる人が原稿に朱を入れたのである。代作ではない補筆したのが事実だと君代は語った」*14と書いている(ただし、和田は記者に嘘をついてからかったと『続遊女物語』で書いているので、この話の真偽は判別できない)。

『東京日日新聞』(二月五日)の記事は、「この書のなかで『遊女の実験』という項があるがこれは本人の筆に成ったのではなく編者が君代の話を聞いて書いたのだろう……巻頭の著者自筆の原稿は決して君代の筆跡ではなく編集者でありまた発行者である高瀬火海というその昔少し文壇に名を出した男の手蹟だ」と高瀬の執筆箇所の推定までおこなっている[*15]。自筆の原稿とは巻頭の著者の写真の裏側に印刷された自筆原稿の写真のことである(図8)[*16]。自筆原稿については、雑誌『うきよ』の記者が君代の筆跡として誌上で紹介している筆跡(図9)とは特徴が異なるようにも見える(あくまで印象であるが)。執筆箇所についての事実関係もわからないが、高瀬敏徳(火海は筆名)が、『遊女物語』と同じ文明堂から一九〇九(明治四二)年に『公爵伊藤博文』という本を吉野臥城と共著で出していることは史料に確認できるので、和田の日記に着目した高瀬が、すでに自著を出版している文明堂から書籍として発行するための編集を担ったというのが出版の経緯のようである。編集者の高瀬が、編集過程で加筆や修正をおこなったこともおそらくまちがいない。しかし、一般的にいって本が出版される過程で編集の手が入るのはあたりまえのことであり、『遊女物語』に関して記者たちの関心が著者の執筆能力に集まったのは、和田が女性であるということに加えて教育がないとされる娼妓だったからであろう。

いずれにせよ、『遊女物語』は文明堂の宣伝文句によると、出版から一ヶ月の間に四刷まで版を重ねるほどの評判となった。

2　娼妓という経験を自らを表象する

日々の感情を書き留める場所としての日記

『遊女物語』（二月一〇日再版。初版は未見）の表紙をめくると「苦海四年の実験告白　遊女物語再版　遊女　和田芳子著」と書かれた中表紙があり、そのつぎのページには著者の写真、その裏側には先ほどふれた手書き原稿の写真が掲載されている。それらのパラテクスト（書籍を構成する本文以外のテクスト）が読み手に与える指示はきわめて明確で、この本を写真に写っている娼妓による経験の告白として読め、というものになるだろう。続いて出版までの経緯を述べた「自序」、経済的困窮から遊廓で働きはじめるまでの回想「遊女となる記」（一―三九頁）、嫌いな客や日々の生活で嬉しかったことなどを回想する「遊女の実験」（四〇―五八頁）、遊廓病院の観察

＊14　仮装記者、前掲「落籍されたる遊女物語の著者▲大萬楼へ登楼しその妹女郎と語る」、五〇、五一頁。

＊15　全体の半分近くを占める一人称で書かれた「遊女日記」のシンプルな記述に比べると、『東京日日新聞』の記事のなかであげられている「遊女の実験」にはやや堅苦しい言い回しが目立つので、あるいはその章は高瀬による聞き書きという記者の推測があたっているのかもしれない。ちなみに章のタイトルになっている「実験」とは、「実際の体験」という意味である。

＊16　一九二六年に吉原遊廓長金花から逃走した森光子の手記『光明に芽ぐむ日――初見世から脱出まで』（文化生活研究会、一九二六年）の書箱にも森自筆のものと思われる原稿の写真が用いられている。

記録である「入院中の所見」（五九—七七頁）、遊廓の生活を綴った「遊女日記」（七八—一八三頁）、客からの手紙を集めた「艶文集」（一八四—二八一頁）という構成になっている。書籍の最後に手紙を掲載するというのは特異な造本だが、それもまた読み手に遊廓の内側からの観察であるという印象を与えるための工夫だろう。*17 その手紙の部分をのぞいて、すべて「私」という一人称にときおり会話の場面を挿入するという小説風のスタイルで書かれている。

本のなかで遊廓の生活のリアリティを伝えるのは、一九一二（明治四五）年三月一八日から四月一三日までの一ヶ月弱の日付がふられた「遊女日記」である。日々のできごとやそれにまつわる感想が率直に綴られている。たとえば、「田舎の官吏」という見出しがつけられた一九一二年三月一九日の日記では、洋服を着て、山高帽をかぶった埼玉県の言葉を話すという客に対して、「こんなにしみったれていて、よくも遊びに来たものだと思った。その語る所を真実《ほんとう》とすれば、家には女房もあれば、子供も二人あるというではないか。それに何楽《なにたの》しみに遊興《あそび》には来るのであろうか。色餓鬼!!!」（八三頁）と強い憤りを書き留めている。

一九一二年三月二一日には先輩娼妓が年季明けでいなくなった楼で、妹分の面倒を見るように伝えられたときの複雑な心境をつぎのように書いている。「出世したのであろうか、堕落したのであろうか、遊女としては大《おおい》に出世したのかも知れない。けれども、女としては、益々深い淵に沈んで行くような心地がする」（八七頁）。

同じ日の夕方、和田は洲崎の大火の報をきいたという。昼の一二時四〇分に出火し、消し止められる四時間後までに一一六〇戸が焼失、六三〇万円もの損害を出した大火事である。*18「午後六時半、寝耳に水を注がれたかのごとく、驚かされたのは洲崎の大火であった。驚きながら、私の心に、雷《いなづま》のように飛んで去ったものがあった。魔の火か、神の火か飛べよ、吹けよと」(八七頁)。洲崎は永井荷風が『断腸亭日乗』のなかで描いたことでも知られる一九世紀末以降に発展した遊廓であり、和田はその遊廓を燃やす炎が吹き荒れることを望むのである。この一節は、はっきりと分節化はされていないものの遊廓という不自由な空間自体への強い怒りと読むことができるだろう。

このように『遊女物語』に収録された日記には、通奏低音のように、いらだちや静かな怒りが記録されている。もちろん日記に描かれているのは怒りだけではないが、それらの強烈な感情をいったん書き留め、その日記のなかの自己の経験をみつめることによって、自らの置かれた状況を把握していくことが和田にとって遊廓という過酷な環境を生きるひとつの方法であったことはまちがいない。

社会的な偏見に抗して

そのようにして書き綴った遊廓の日常を、出版という形で発表することは、和田にとってどの

＊17 その後発行された永井はつ子『遊女恋物語』、村崎静子『千束町より』のなかでも、艶文集の掲載という方法は踏襲されている。

＊18 損害保険料率算定会災害科学研究会編『日本の大火 明治元年―昭和20年』技報堂、一九五六年、一〇八頁。

ような意味があったのだろうか。そもそも娼妓にむけられる世間のきびしい視線を身をもって知る和田が、なぜ出版という形で自らの経験を公開しようと考えたのだろうか。年季の残りがまだ長いのであれば、原稿料収入や稼業の宣伝などの理由もある程度想像可能だが、『遊女物語』が出版されたのは、すでに述べたように年季が明ける半年前である。廃業が近いので遊廓の内情は比較的自由に書くことができるという小さな利点はあったかもしれないが、出身地についての言及や写真の掲載など、出版することは廃業後のリスクを高めはしても、和田自身の利益になることは少ない。編集者とのやりとりの詳細がわからない以上、推測することしかできないが、和田にとって本を出すことは、それ自体が誇らしい経験としてあったようである。『続遊女物語』の冒頭には、一冊目の著書を手にしたときの感情がはっきりと描かれている。

『遊女物語』の製本が出来て、書肆《ほんや》さんから送っていただいたのは、一月二四日のお午頃《ひるごろ》であった。世には賤業婦だ、売笑婦だと、一口に言い罵らるる身の恥を、書いて自から公にしたようなものの、これは実に、私が苦界に於ける四年間、血に泣いた涙の記念である。事実として、ありのままに、果敢《ほか》なき身の運命やら、苦しく悲しき苦界の苦心やらを、筆に写した記念である。手に取って、一頁一頁とひらき見れば、今更に万感潮のように、胸に湧いて来るのである。

私は、古い親しい友だちにでも逢ったような心地で、臥しながら、自分の筆の跡を、第一頁から読んでいると、昨夜の労《つか》れにか、いつしか眠りに落ちてしまった。(『続遊女物語』、三

頁）

ここでは、差別的な視線を意識しながらも、自らの経験を本という形で出版できたということへの喜びが表現されている。和田は「古い親しい友だち」という言葉を使っているが、その言葉はつぎのように解釈できるのではないか。世間からは否定的なイメージで見られているが、その娼妓としての経験を自らの視点から語りなおしてやることで、「古い親しい友だち」、つまり自分が愛しく感じるような、肯定的なものとして受け入れることができる。その表現は、時代は少しあとになるが、一冊目の著書の発行を「わがいとしき児《こ》を世に送る」*19と表現した森光子の言葉と響きあうものだろう。よりていねいにこの場面の描写を見るなら、「賤業婦」「売笑婦」という、いわば娼妓を非人間化する呼称に、和田は、精神をすり減らすような厳しい仕事の疲れから横になって本を読みながら、眠り込んでしまう、ひとりのありふれた人間を対置している。『遊女物語』で「女郎としてでなく、あたり前の女として交際《つきあ》って下さる方があれば、どれほど嬉しいか知れない」（五八頁）と書いているように、和田が表現したかったことの中心には、遊廓のなかにいても失われることのない、自分自身の人間的な感情があったのではないだろうか。

＊19　森光子「『光明に芽ぐむ日』遊女の生活記録を著して（下）」『読売新聞』一九二六年一二月二〇日。

3 『遊女物語』へのさまざまな反応

「野卑賤劣の群」

残念ながら和田の作品は、生活の場である大萬楼では十分な理解を得ることができなかった。冒頭で、和田の作品が朋輩たちからきびしい目で見られたことはすでに述べたが、それは経営者である楼主からの叱責につながった。和田は当初楼主から褒められるという期待すら抱いていたという。

実をいうと、私は寧ろ女将さんから、「お前がまあ、あの忙しい中に、この本を書いたかい、大萬楼から花魁の作者が出たと、お蔭で私の鼻が高くなるわ」くらいに、ほめられたかったのである。然るに、意外にも身勝手屁理屈のお叱言を頂戴した。(『続遊女物語』、五、六頁)

『続遊女物語』の出版が大萬楼を離れたあとになることが決まっていたためか「身勝手屁理屈」と和田の言葉も容赦のないものになっている。楼主や朋輩から称賛や共感ではなく、強い反感や嫉妬を受けたことは和田にとって予想外のできごとであったようで、「一日も早く、この野卑賤《やひせん》劣《れつ》の群より脱し、毒悪奸黠《どくあくかんきつ》の社会より免れたいものだと思った」（『続遊女物語』、二七頁）ときわめて強い言葉で、遊廓のなかの人間関係への幻滅を表現している。楼内での孤立はつぎのように描かれる。


隣の部屋で、わざと私に聞えるような、大きな声で、

「私の昨夜のお客が、こんなことを言ったわ。今までぼくは、サッカリンのように甘く見られて、馬鹿にされていたが、あの本や、新聞を見ては、もうこれまでのように、馬鹿にはされないよッて、もっともだわね。お客を馬鹿にして書いてるんだもの。お客があんなものを読んだら、またと再び来やしないわ」

「でも、世間には物好《ものずき》があるから、この頃忙しいわ」

「自分一人は、忙しくていいだろうし、本屋さん儲かって結構だろうが、私たちこそ、いい災難だ」

何が災難だか、さっぱり理由はわかりはしない。するとまた、今一人の花魁が、

「私のようなものは、どうせお茶ばかり引いているから、いいようなものの、本にまで名を出されて、いい面の皮だ。新聞くらいなら、そのままいつか消えもし、破けばそれなりだけれど、本になんか恥を晒されては、いつまで経っても消えはしないわ」

なんかんと、下らないことを、べらべら喋っている。私は、悪いことを書いたでもなし本に名を掲げてもらって、却って名誉ではないの、といってやりたかった。この花魁は、日頃

皮肉をいう人で、あまり人に可愛がられない方である。

見世はこの頃、たいへんに暇である。一つは諒闇中であるからでもあろうか、今年の春のような閑の春は、今までになかった。それを私の本のためだといわぬばかりに、

「少しはお客が、サッカリンになって、来てくれないと困るわ」

なんて、寄ると障ると、私に当り散らすのである。私が忙がしいと、

「私たちも、新聞にでも出そうかしら。『遊女物語』のような、豪《えら》いものを書かないと、お客も来ないわ」

という。もしまた、客がなくて見世にいると、

「私たちが閑なのも、仕方がないわ。全盛の人さえ、まだ見世だもの」

と、あて擦られる。理屈もなんにもありはしない。（『続遊女物語』、一九―二一頁）

そのように、ほとんど戯画的ともいえる、あてこすりや陰口につつまれた楼内の様子を和田は描写している。『遊女物語』で自らの性格を「勝気で、負けること嫌い」（四一頁）と書いていたが、その言葉のとおり和田は娼妓たちの陰口を書き留めて暴露するという形で、いやがらせに反撃している。この場面には、新聞にでも書こうか、という娼妓も登場するが、実際に執筆を志す娼妓がいたということが『うきよ』（一九一三年四月号）の記事で「吉原京町一萬楼の浮舟は遊女物語の向こうを張って似た本を著すと奔走中」（八八頁）と報じられている。結局、記事で報じられた浮舟が本を書いたのかはわからないが、あるいは『遊女物語』に続いて発行された娼婦名

義の出版物の書き手のなかに、『遊女物語』を遊廓や銘酒屋で読んだ女性もいたのかもしれない。

新聞の反響

ところで、新聞は和田の作品に対してどのような評価をしていたのだろうか。冒頭でふれたように『遊女物語』は、全国各地の新聞書評欄で取り上げられたが、まず目につくのは、「事実にて著者自身の手に成りし」（『大阪毎日新聞』二月四日）、「格子の中より六年の春秋を筆にのぼせし」（『都新聞』一月三〇日）といった娼妓自身の手による作品であるということへの言及である。すでに見たように、和田が書き手であることに疑義を呈するような論調もあるにはあるが、圧倒的多数の記者たちは、『遊女物語』を当事者の記録として評している。「廓の暗面を主観的に描いたもの」（『扶桑新聞』一月二九日）、「悲惨なる娼妓生活の内状は本書によりて」（『大阪毎日新聞』二月四日）、「娼妓の境遇の実状を知らんと欲する者に取りては多少参考となるもの」（『埼玉新報』二月一四日）といった遊廓という環境の厳しさに焦点をあてた書評がある一方で、「涙の種となるもあり又は痛快なるありて兎角近来毛色の変わった著書」（『静岡民友新聞』二月二三日）、「江戸前の気象《ママ》と文才と相まって時に溌剌なる生気あるを認む」（『大阪時事新報』三月一二日）と描写や文章自体の魅力を評価するような書評も目立つ。書評のなかでは「奇書」という言葉やそれに似た表現が多く用いられており、そのことは、娼妓自身の手による作品にはじめてふれた新聞記者たちの動揺を示しているようにも思える。

もうひとつ特徴的なのは、「現代世相史の一部と見るべき」（『やまと新聞』一月三〇日）、「一種

評判《へうばん》の女(一)

遊女物語の主人公

「君は今駒形あたりほとゝぎす」の遊女高尾も今の世に生れてゐたら所謂新しい女であり文學娼妓として嬌名を唄はれたであらうが生憎伯爵樣と「忘れねばこそ思ひ出さず候」といふ位の處で濟んで了つた、さつても四海波靜かなる大御代は文運いよ〳〵隆昌にして女ともあらうものが新聞や小說が讀めぬ位では正に慚死すべきなりとあつて「ハイ私は書と書とで御座敷に出てるンですよ」と三味はモチ――ロン彈けもすまいが捨バチの御筆に携帶の

▲筆洗は盃洗の利用 する當意即妙といふ處で賣出す藝者もあるといふ世の中、娼妓が自由廢業をすればこれを指して新らしい女と言ふ位だから娼妓が書を著はしたといへば先づ以て文學娼妓と言つても過稱ではあるまいと思はるゝ、サテも近頃洛陽の紙價を餘り高からしめもしないが和田芳子著「遊女物語」の耽讀さるゝ事や誠にヘヤ盛んなものであるが此著者芳子といふは府下內藤新宿二貸座敷大万樓の君代と申して當年二十七歲の遊君、而も我が身の上を書き立てたといふので「事實は鋭い力を持つてゐる」なとゝ若い連中は大

▲相場に失敗した 父の爲め一度身を沈めたが父の手許がよくなつたので足を洗つたものゝ又ガラリ崩れて二度の勤め六ケ年七百圓といふ身代、この事情を叙するに當つて父の事を「父は若い時代に考へがなかつたらしい、金は天からでも降つてくる位にしか思つてゐなかつた、そのくせ取る事は少しも出來ない」と書出してゐる、「死んだ氣で行きませう」「二人で泣きたい」「精神的に死んで行くんだ」「鏡臺の前」などゝ項目を見ただけでも內容が分つてくる、「白粉の塗り初め」といふ處に「やつて來た、鬼が、お世話になる方を

▲鬼とは失禮とも 知れないが私の今の身に取つては先づ鬼よ」と書いてゐる處なンか正に內藤千代子ソツクリ、元來君代は教育といつては左程ないが好きで新聞小說を熱心に讀んでゐるから一寸書くのでもコツを心得てゐる、無論出版するまでには加筆して貰つたには違ひないが……サテも君代は彼が所謂死の谷に陷つて先生の診察を受けた、スルト其先生は此處の病院長で君代の爲めにお祝ひ申して下さるし色々敎へて下さるさうであるといふ事になつた「……祝ふのッて、何の事だらう隨分妙だと思つても聞いて見るわけにも行かず……」と君代はウブらしく御心配の叙筆頗る妙です、サテも此處(新宿)の病院

図 10 『東京日日新聞』1913 年 2 月 4 日

の通俗社会学人間学ともして観るべきもの」（『芸備日日新聞』一月二七日）といった現代社会研究の参考になるという書評である。ただし、それは必ずしも新聞記者独自の見解というわけではなく、『遊女物語』のなかで「かかる社会を研究せんと思召す人々のために、多少の参考にもなることがあったならば、それは実に思わぬしあわせといわねばならぬ」（自序二、三頁）、「もしまた少しでも、こういう社会を研究なさる方の参考にでもなることがあったならそれはなおさら望外の幸福というもの」（一八五―一八六頁）という方向づけがなされているので、それをなぞったといえる。*20

「社会研究」から「劣悪文学」へ

ただの書評ではなく時評的な視点から『遊女物語』を取り上げたものとして、『東京日日新聞』の「評判の女」という記事がある（図10）。記事は二月四日、五日と連載され、和田の個人情報についても踏み込んでいる。[*21] きわめて軽薄な調子で書かれているが、そのなかで目立っているのは「新しい女」と関連づけるような論調である。

「君は今駒形あたりほととぎす」の遊女高尾も今の世に生まれていたら所謂新しい女であり文学娼妓として嬌名を唄われたであろうが生憎仙台様と「忘れねばこそ思い出さず候」という位のところで済んでしまった……娼妓が自由廃業すればこれを指して新しい女というくらいだから娼妓が書を著わしたといえばまずもって文学娼妓といっても過称ではあるまいと思わるる、サテも近頃落陽の紙価を余り高からしめもしないが和田芳子著「遊女物語」の耽読さるる事や誠にハヤ盛んなものである（『東京日日新聞』二月四日——傍点強調引用者）。

冒頭でふれたように、当時「新しい女」といえば、新聞や雑誌メディアが青鞜社の女性たちを

＊20　そこには、遊廓の内情を覗き見したいという消費者の欲望を前提しつつ、現役娼妓の証言による「真面目な社会研究」というイメージを前面に出すことで検閲を逃れようとする出版社の思惑も見え隠れする。事実、遊廓を描く作品は風俗壊乱を理由として検閲にかかる可能性が常にあり、『遊女物語』以降の娼妓名義の出版ブームのなかで刊行された高野菊子による『吉原夜話』（木津文湖堂）は発禁処分となっている。

＊21　ただし個人情報に関しては『都新聞』や『万朝報』で書かれている内容と同じなので独自に取材していない可能性もある。

侮蔑するときの慣用句になっていたが、この記事では江戸時代初期に活躍したといわれる遊女高尾を、現代であれば「新しい女」「文学娼妓」であるとし、そのイメージを和田と重ねあわせている。洛陽の紙価を高からしむ、とは、中国の故事に由来する著書の売れ行きがいいさまを表す表現であるから、記者は『遊女物語』の売れゆきがそれほどでもないと揶揄しているのである。ここでは、直接ではないにせよ、和田は「文学娼妓」、つまり「新しい女」であるという印象づけがおこなわれている。しかし、必ずしもそれはうまく機能しているとはいえない。というのも、青鞜社の女性たちに性的逸脱のスティグマを押すために用いた「新しい女」というレッテルが、そもそも遊廓で働いている和田にはあまり意味を持たないからである。

そのような事情もあってか、ものを書く娼婦たちに対する「新しい女」というレッテル貼りはその後ほとんど踏襲されることがなかった。しかし、ここで記者が『遊女物語』を「洛陽の紙価を余り高からしめもしない」と揶揄したのは、その後顕在化してくる活字メディアの反発を先取りしたものであったといえる。というのも、娼婦による出版がひとつの流行となり、『続遊女物語』が発行されるころになると、『遊女物語』を好意的に評価した活字メディアのなかからも、批判的な言説が出てくるからである。

『朝日新聞』は、『続遊女物語』が発行されたとき、「遊女の告白も考えようによりては何らかの意味なきものにはあらざれども唯売らんがためのものとありては害ありて益なし」(『朝日新聞』五月一二日)と酷評した。以後、「何とかいう女郎が日記のようなものを発表して以来、売笑婦たちが書物を出版すること、近来の流行となれり」(『読売新聞』八月一三日)、「劣悪文学の流行……公娼私娼の文学驚くべき多数也」（『朝日新聞』八月二八日）と新聞の論調はバッシングへと転じた。雑誌『図書月報』（一九一三年八月号）では「劣情挑発的淫書」という題で、「そもそも遊女売女は陰のものであって、自己が生活の範囲外、すなわち社会に向かっては人並みの交際が出来ず、社会の人からは排斥さるるのであるから、自己の身分と業体とを省み、多少謹慎をせねばならぬ」という、いわば身の程をわきまえよという差別的な批判がおこなわれている。*22 青鞜社の女性たちが愛や性を語ることを非難されたのに対して、遊廓のなかから発言する「新しい女」は、発言すること自体が「身の程知らず」としてバッシングの対象とされたのである。

おわりに――当事者による文学の道を拓く

遊廓のなかの女性たちに沈黙を強いるような活字メディアの論調も影響したのか、あるいはそもそも書き手になりうる娼婦の絶対数が少なかったのか、娼婦名義の出版の流行は、一九一三年後半には終息した。すでに見たように、『遊女物語』で一大センセーションを巻き起こした和田芳子も、遊廓を離れて以降の足取りは、結婚したということのほかにはわからない。

それでも、遊廓の内側を当事者が描くというスタイルは、『遊女物語』をとおして広く社会に

*22 小林鶯里「劣情挑発的淫書」『図書月報』第一一巻第一〇号、一九一三年八月、一五六頁。

認知されたといえる。一九二〇年代になると、労働運動の高揚やキリスト者による廃娼運動の高まりをひとつの背景に、遊廓から逃走して廃業する娼妓たちが続出し、そのなかから森光子や松村喬子のように遊廓での生活を批判的に描く女性たちも出てきた。第六章で詳しく見るが、森の出版にあたっては、『読売新聞』一面に大きな広告が掲載され、加えて三回にわたって森自身の出版にむけての抱負も掲載された。そこでは、もはや娼妓の書いたものは、「奇書」ではなく、当事者の貴重な証言として、社会的にとらえられるようになったのである。

『遊女物語』が出版された一九一三年は、ちょうど大逆事件後の社会運動の冬の時代にあたる。それに加えて、なにかを主張するために書かれたというより、日常の生活の記録ということもあり、国家公認の管理売春制度である公娼制度に対する直接的な批判は少ない。しかし、そこにも後の森や松村の作品に通ずる遊廓という過酷な環境や社会的なスティグマへの批判の萌芽がある。なによりも自らの生活を自分の言葉で書くこと自体が、意味づけられ、語られるという遊廓のなかの女性が常に置かれていた状況に対する抵抗であった。

客から一方的に見られ、意味づけられる「傾城の遊女」であることを否定し、嫌いな客を批評し、遊廓のなかから将来の生活に思いをはせるひとりの人間として、和田は自らを描きだした。書くことをとおしての、まなざされる側から、まなざす側への移動は、貧困女性からの搾取のなかで存続してきた遊廓だけでなく、女性を良妻賢母と娼婦に分断するような男性中心主義的なジェンダー規範に揺さぶりをかけるものである。であるからこそ、娼婦が書くということが流行となったとき、当時の活字メディアは強烈な反発を示したのである。

一方で、ものを書く娼婦たちよりも少しだけはやく社会の表舞台に登場し、新聞や雑誌から「張見世のなかの娼妓」「女郎や淫売婦」という侮蔑の言葉を投げかけられた青鞜社の「新しい女」たちは、それらのものを書く娼婦たちの登場をどのように見ていたのだろうか。[*23] 娼婦名義の出版の流行が終息したあとの一九一四（大正三）年一月、雑誌『青鞜』第四巻第一号には、伊藤野枝の「ウォーレン夫人とその娘」という文章が掲載されている。伊藤はバーナード・ショーの戯曲『ウォーレン夫人の職業』の感想を述べるなかで、売春をして生きる女性に対してつぎのような見解を示している。

私はむしろ蔑視される賤業婦たちの自覚しながら食べるために生きたいばかりに嫌な者どもの機嫌きづまをとらねばならぬ悲痛な気持ちに同感する。そして何の意味もない馬鹿な顔して一人よがっている女達よりもこうした女の方がまだ強い所があるように思う。私はそういう女の気持を考えるとぞっとするような凄い感じに打たれる。[*24]

伊藤は、スティグマをはっきりと認識しながらも生きるために娼婦として働く女性たちに強い

---

*23 青鞜社の女性たちに対する社会からの性的な侮蔑について詳しくは岩田なつ『文学としての『青鞜』』不二出版、二〇〇三年、三二一―三五頁参照。
*24 伊藤野枝「ウォーレン夫人とその娘」『青鞜』第四巻第一号、一九一四年、一四―一五頁。

共感を寄せている。その伊藤の言葉は、『遊女物語』の「心まで汚されはしない。心はどこまでも私のものである。身体はしばらく主人に預けて、お客を大事と働こう。金のためなら機嫌も取ろう、気妻も取ろう……私は人などに頼らない覚悟である。どこまでも懸命に働いて早く帰りたい」（四二頁）という言葉への応答になってはいないだろうか。伊藤が、和田芳子のことを知っていたかどうかは定かではないが、青鞜社の女性たちが「新しい女」という呼称を引き受けて抵抗の言葉を紡いでいたとき、遊廓という境界のむこう側にも、メディアからの「新しい女」という揶揄にひるむことなく、自分自身の経験を綴った本を手に取り「一頁一頁とひらき見れば、今更に万感潮のように、胸に湧いて来る」と堂々と書いた女性がいたことはたしかである。

第五章　ものを読む娼妓たち

森光子と松村喬子の作品に描かれる「読書」を中心に

一九二九（昭和四）年六月一六日の『婦女新聞』は、一面に「廃娼機運の到来」という見出しを掲げ、日本青年館でおこなわれた全国廃娼同志大会について報じた。地方議会においては、すでに埼玉、福井、秋田、福島の四県が廃娼建議案を通過させ、廓清会婦人矯風会廃娼連盟は全国公娼制度廃止の発令を現実化するための運動に入るということを記事は伝えている。その記事にあるように、一九二三（大正一二）年九月の関東大震災以後一九二〇年代後半にかけて、日本の廃娼運動は戦前最大の高揚期をむかえた。女性と子どもの人身売買禁止を求める国際的な世論の高まりを背景に日本政府は一九二五（大正一四）年一〇月に「婦人及児童の売買禁止に関する国際条約」を留保条件付きながら調印・批准する。それが追い風になり、一九三〇（昭和五）年までに多くの廃娼県を出すにいたった。[*1]

そのように高揚する廃娼をめぐる社会の動きを、遊廓のなかの女性たちはどのように感受していたのだろうか。そもそもテレビもなくラジオ放送すらまだはじまったばかりだった当時、娼妓たちはなにをどのように読むことで情報を得ていたのだろうか。[*2]

その問いに答えるためには、当事者によって書かれた手記や小説を見ていく必要がある。そこには読書行為も含めて、日々の生活が細かく書き込まれているからである。当時、もっとも話題になった書き手は、一九二六（大正一五）年四月に吉原遊廓から脱走し、柳原白蓮のもとに駆け込んで自由廃業した春駒こと森光子である。森は一九〇五（明治三八）年に群馬県高崎で生まれ、啄木の詩集に親しむ少女時代を過ごすが、父親の死後、母と幼い妹の生活をたすけるために一九二四（大正一三）年一二月に上京し、吉原遊廓に入っていた。『読売新聞』は三日間にわたって「読書界出版界」という欄で、森の最初の著書『光明に芽ぐむ日――初見世から脱出まで』（文化生活研究会、一九二六年）の森自身による解説を掲載した。それによると、同書はキリスト教関連書籍の発行を専門とする出版社から発行され、森は「『婦人公論』を通じて尊敬していた吉野博士や、徳富さんの方々のものを出版する書店だという思いは、私をどれだけ興奮させたか」（『読売新聞』一九二六年一二月一九日）と執筆時の高揚する気分について記している。つまり、遊廓のなかとは書いていないものの、森は『婦人公論』を読み、吉野作造や徳富蘇峰の存在を知っていたわけである。

また、森と同じく一九二六年九月に名古屋の中村遊廓から逃走した松村喬子は、長谷川時雨の

『女人芸術』に自らの体験をもとにした連載小説「地獄の反逆者」（連載は一九二九年四月―九月、以後一九三〇年二月、七月にも続編を発表）を発表した。詳しくは後述するが、小説のなかでは、主人公である歌子（松村）が遊廓病院で客から送られた『婦人公論』を読み、そこに掲載されていた片山哲の廃娼論に感銘を受ける場面が描かれている。そのほかにも、森、松村が作品のなかで描きだす遊廓の日常には、ものを読む娼妓たちの姿も登場しており、その描写を見ていくことで遊廓における読書行為の位置づけを探ることが可能になるはずである。

本章ではまずはじめに当時の活字メディアの状況を概観し、それから当事者による記録に加え、遊廓についての報道記事、新聞雑誌に掲載された投書なども手がかりにして、遊廓のなかでなにが読まれていたのか見ていく。その上で、娼妓たちがそれぞれのテクストをどのように読んでいたのかということに可能なかぎり迫りたい。

＊1　詳しくは、小野沢あかね「『婦女新聞』と廃娼運動」『婦女新聞』を読む会編『『婦女新聞』と女性の近代』不二出版、一九九七年、二一九―二二〇頁を参照。

＊2　近年の読書の社会史研究は、「ものを読む」という行為を単なる受動的な営みではなく、さまざまな解釈をとおして、新たな意味、表象を生みだす積極的な行為としてとらえ、社会変化を説明するためにそれぞれの社会的な集団固有の読み方を再構成することをひとつの課題としている（松塚俊三、八鍬友広編『識字と読書――リテラシーの比較社会史』昭和堂、二〇一〇年、八、九頁）。そのような観点に立つと、遊廓という空間のなかの娼妓たちの読書行為を見ていくことは、一九二〇年代後半に訪れた遊廓の内側の大きな変化をとらえるためにきわめて重要である。

I　遊廓のなかで〈読む〉

新聞・雑誌一〇〇万部の時代

まず、最初に一九二〇年代の活字メディアの状況に簡単にふれておきたい。

同時期はアメリカを中心とする大衆消費社会の創始期にあたり、日本においても通信、輸送機関や印刷技術の発展を背景にして、新聞各紙は急速に発行部数を増やしていた。関西の二大主要紙であった『大阪朝日新聞』と『大阪毎日新聞』はともに一九二四年一月に発行部数一〇〇万部に達している。*3 電話、電信の普及に加え、伝書鳩の利用や無線電信の実用化などによって、離れた場所で起こった事件でもその日のうちに伝えられるようになった。たとえば、一九二六年八月に営業停止処分中であった広島東遊廓繁盛楼から娼妓二人が秘密裏に上京し自由廃業を訴えた、というできごとを東京の新聞各社は一九二六年八月五日に報じたが、広島の『芸備日日新聞』も東京発の情報として二人の廃業の訴えを同じ日に報じている。

出版界にも大きな変化が訪れている。改造社が『現代日本文学全集』（全六三巻）を一冊一円という廉価で一九二六年末から刊行し、二五万部という売り上げを記録して以降、新潮社、春秋社、平凡社等の出版社がつぎつぎに文学全集を刊行し、円本（一冊一円であることに由来する）ブームを巻き起こした。*4 その値段は当時の通常の書籍の半値以下であり、それ以上生産コストを下げることができないという状況は、必然的にマーケットの拡大にむけての宣伝競争にむすびついた。岡野他家夫は『日本出版文化史』(一九八一年)において、当時の出版各社の販売戦略について、つぎのように説明する。

近代資本主義による企業形態を採りつつあった当時の出版業者は、利潤を多くするために、出来るだけ多数の購読者を獲得することに競争の焦点をおいた……宣伝にあらゆる智嚢を絞り、努力を傾け、手段と方法を尽したのは各社とも例外のないことだった。勿論そのために数万、数十万という莫大な宣伝費を殆んど新聞広告に費した。*5

つまり、そこでは新聞が販売網を拡大し読者層を開拓したことと、出版産業の広告戦略が密接にかかわりあっているのである。そのような新聞広告を創刊号から効果的に使い、創刊二年目には一五〇万部を突破したのが雑誌『キング』(創刊一九二五年一月)である。

同誌は一九二〇年代に急速に進展した大衆社会状況を鋭く感知し、当初から広く「国民の

*3 春原昭彦『日本新聞通史 四訂版 1861年—2000年』新泉社、二〇〇三年、一四一頁。
*4 岡野他家夫『日本出版文化史』原書房、一九八一年、三四七—三五〇頁。
*5 岡野、前掲書、三五〇頁。

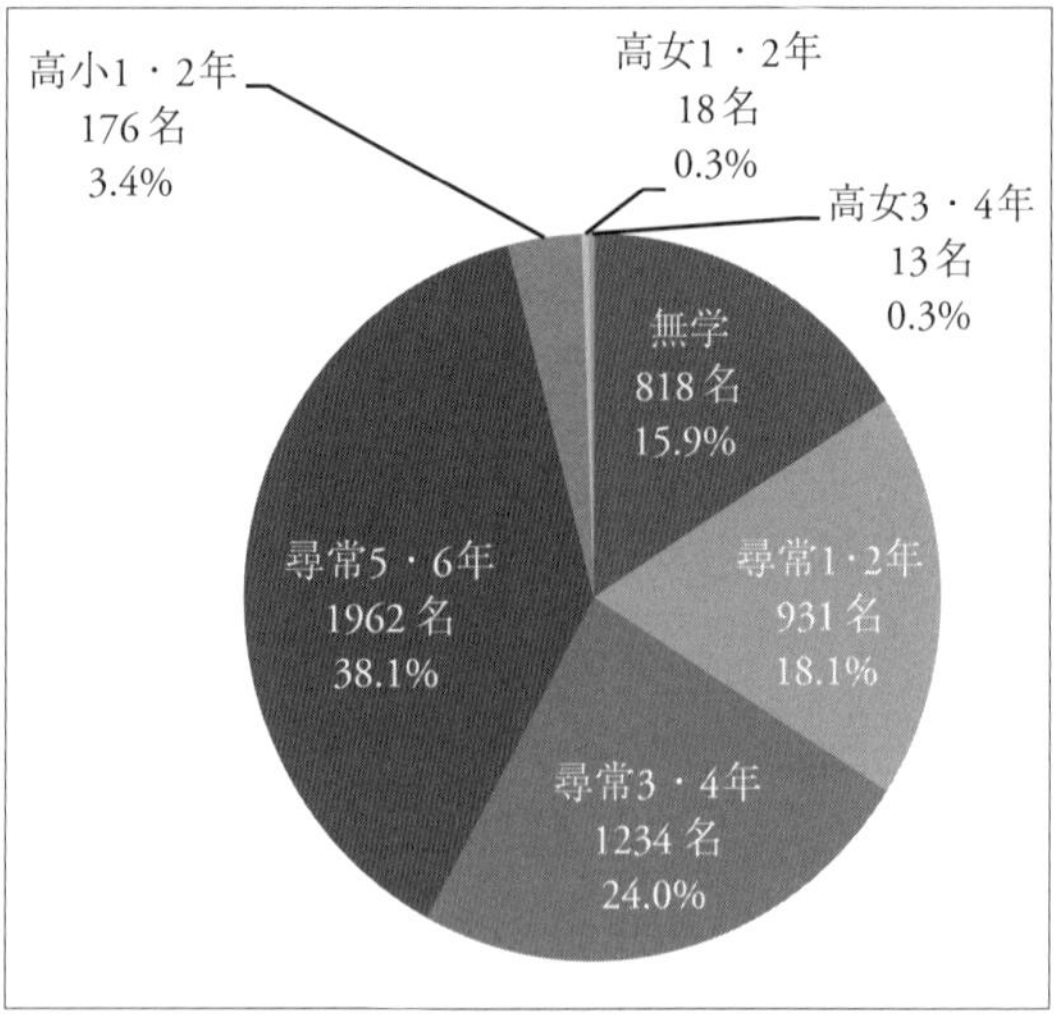

表1　娼妓の教育程度調査（1925年、娼妓5152名の調査）

全部」をその受容対象として狙った。そのために、紙面内容の徹底的な平易化と、広告史に一時期を画するほど大がかりな大量宣伝の手法とが採用された。*6

国民大衆誌と銘打った『キング』は総ルビの徹底や、イラスト図解などからわかるように、識字能力が低い層を読者として想定しており、小学生、中学生はもちろん、高校生、大学生、あるいは青年団員から労働者、農民、在日朝鮮人にいたるまで、あらゆる社会集団に満遍なく普及していたという。*7 一九二八（昭和三）年には、『キング』に対抗した『平凡』、長谷川時雨による『女人芸術』（発行資金は長谷川の夫で、円本ブームで人気作家になった三上於菟吉が提供した）、博文館の新刊娯楽雑誌『朝日』と、雑誌の創刊が相次いでいる。

そのように一九二〇年代は、出版文化の発展を背景に新たな「読者」の裾野が国内のあらゆる階層に一気に広がった時代であった。

遊廓における「識字率」と楼主の管理

ところで遊廓のなかにいた娼妓たちは、それらの新聞や雑誌をどれだけ読むことができたのだろう。その問いは細かくは、読む能力がどの程度あったかというリテラシーの問題と、遊廓のなかで自由に読むことができたのかという環境の問題というふたつに分けることができる。

まず、リテラシーに関していうと、遊廓のなかの女性を対象にした識字率についてのまとまった調査はおそらく存在しない。ただし、一九二五年に東京とその近郊の娼妓五一五二名を対象におこなわれた中央職業紹介事務局の調査からある程度推測することができるので簡単に紹介する（**表1**）。無学の八一八名（一五・九％）をのぞいて、ほとんどの娼妓たちが少なくとも尋常小学校には在籍したことがあるということがわかる。ここで調査されている就学年数は、出席率を勘案しない形式的な就学年数なので、識字能力との関係は必ずしも明確ではないが、仮に尋常小学校の高学年である五、六年以上（高等小学校、女学校中退も含む）が、ある程度識字能力を身につけているとすると、当時東京とその近郊の遊廓で働いていた娼妓たちの約四割は読み書きができたといえる。[*8]

ところで、本章で詳しく紹介する森光子は高等小学校卒業、松村喬子は高等女学校二年中退という学歴だが、この統計からは、二人が遊廓においてはかなりの高学歴であったことがわかる。

---

*6　永嶺重敏『雑誌と読者の近代』日本エディタースクール出版部、一九九七年、一一〇―一一三頁。
*7　佐藤卓己『『キング』の時代――国民大衆雑誌の公共性』岩波書店、二〇〇二年、三四、三五頁。

ただし、それは遊廓という世界に限ってのことで、同時期に東京と大阪において同じ中央職業紹介事務局がおこなった職業婦人（タイピスト、事務員、電話交換手、百貨店等の店員）八二八〇名の調査では、尋常小学校卒業および高等小学校中退が二三五二名（二八・四％）、高等小学校卒業が二八五五名（三四・四％）と全体の六割以上、高等女学校中退六七四名（八・一％）と高等女学校卒業一九六二名（二三・七％）をあわせて三割以上となっているので、それと比較すると遊廓で働く女性たちの教育程度の低さは際立っている。*9 それは遊廓で働く多くの女性たちの出身が、教育に十分にお金をかけることのできない貧困層であることに起因する。*10

つぎに遊廓のなかでの読書の自由について見てみよう。すでに第四章で和田芳子が一九一三（大正二）年の遊廓のなかで比較的自由に本を手に入れていたことは述べたが、少し細かく法的な条件面を見ると、一九〇〇（明治三三）年に公布された娼妓取締規則（内務省令二九五号）の第七条で、「娼妓は庁府県令を以って指定したる地域外に住居することを得す」と定められ、外出時には警察の許可が必要であり、必ず遊廓から見張りが付くのが通例となっていたので、気軽に書店に立ち寄って買い物をすることは難しかったはずである。ただし、同規則第一二条には「何人であっても娼妓の通信、面接、文書の閲読、物件の所持、購品その他の自由を妨害することを得ず」*11 という条文もあり、外からの販売や郵便など、どのような手段にせよ、好きなものを購入することは自体は一応保証されていた。ただ、それも実質的には楼主の裁量次第であり、娼妓が好きなものを読む自由は楼主の管理下にあったということが当事者の記録から読み取れる。

たとえば、松村喬子の「地獄の反逆者」の連載第一回目にはつぎのような描写がある。主人公の歌子が楼主の木浦に呼びだされ説教されている場面である。

「それからこの頃本屋が出入していて、あんたは婦人公論なんかとっているということやが娼妓さんに学問は要りまへん。そんなもの読むと、いらん事や理屈ばかり覚えてお商売のさまたげになるばかりだからこれからは読まん様にしてもらわんとナ――なあ、山田」

と後ろの机の前に座っている山田にそう云った。

「今度本屋が来たら出入はならんと止めてくれ」[*12]

＊8　ここでは参照できる史料が存在する教育歴をもとに識字率を推定しているが、たとえ尋常小学校を低学年で中退していてもその後の職業経験や、遊廓のなかでの学習などをとおして教育歴とはかかわりなく文字を読むことができるようになった娼妓も存在していたであろうことも念頭におく必要がある。客から本を借りて文字を学習したという娼妓の証言も残っている。詳しくは山家悠平『遊廓のストライキ――女性たちの二十世紀・序説』共和国、二〇一五年、九〇頁を参照。

＊9　中央職業紹介事務局『東京大阪両市に於ける職業婦人調査――タイピスト・事務員・交換手・店員 昭和2年3月』一九二七年、一五、一六頁。

＊10　詳しくは山家、前掲書、六七―七〇頁を参照。

＊11　娼妓取締規則は『明治三三年法令全書　省令・閣令』（内閣官報局）七四七―七四九頁より。かなをひらがなに改めた。

＊12　松村喬子「地獄の反逆者＝人生記録＝」（連載第一回）『女人芸術』一九二九年四月号、五九頁。

そもそも『婦人公論』は硬派な教養誌であり、それを読むことができるのは、遊廓のなかではごく一部の高学歴女性だけなので、ここで描かれているのはどちらかというと特殊な事例であるかもしれない。また「地獄の反逆者」は主人公の歌子を中心とした小説として描かれているため、この描写が実際のできごとをそのまま描いているかは判断が難しいところだが、松村自身「娼妓は本を買う自由も許されて居りません」（『婦女新聞』一九二八年一月二二日）とも証言しているので、同様の体験があったのではないかと推測される。

一方で、森光子のいた長金花においては、楼主に遠慮しながらであっても、娼妓たちは比較的自由にものを読むことができたようである。森自身楼内で啄木の詩集や白蓮の歌集に親しんでおり、二冊目の著書である『春駒日記』（大正生活研究会、一九二七年）には、森の親友の千代駒の手紙を紹介するという形で、楼内で森の一冊目の著作『光明に芽ぐむ日』が読まれている様子が紹介されている。

森と松村という限られた範囲の例でも相違点が大きいので、楼内でものを読む自由がどの程度あったのか一概にはいえない。その相違は楼主の性格や、地域の傾向、楼主と娼妓の力関係によって変わったのだろう。ただし娼妓たちが日常的に客と密室で接する仕事をしている以上、楼主が完全に管理することは不可能であったのはたしかである。それに楼主による検閲が日常的におこなわれていたからといって、娼妓たちがおとなしくそれに従っていたというわけでもなかった。ひとつだけ例を紹介すると、松村は、森の手記が『婦女界』（一九二六年七月号）に掲載されたということをきき、「親に頼んで、そこだけ切り取り、化粧品の箱の中に、効能書のようにねじ込んで送って貰ったのを、貪り読んで、外の娼妓等にも話して聞かせ」たと前述の『婦女新聞』の取材に答えている。『婦人公論』の購読を禁じたという楼主も、家族への手紙や化粧品の箱までは調べなかったようである。

2 さまざまな〈読む〉体験

新聞・雑誌・教養誌を〈読む〉娼妓たち

まず、遊廓で読まれていたことが記録のなかに確認できる活字メディアとして新聞がある。たとえば森の手記のなかでは娼妓たちが楼の大部屋で新聞を囲んで言葉を交わす様子がしばしば描写されているので、森のいた長金花では個人の購入物というよりも遊廓の共有物であったと推測される（その場合は楼主が購読していたのだろう）。ほかにも、新聞記事の切抜帖が逃走娼妓の部屋から発見されたという記事（『東奥日報』一九二六年八月一八日）などもあり、楼主の方針によって閲読の自由には差があったにしても、一九二〇年代の遊廓のなかにいた娼妓たちにとって新聞を読むことはごく一般的な行為であったようだ。

新聞以外の活字メディアの流通状況に関しては、つぎのような史料がある。廃娼団体の機関誌『廓清』（一九三一年三月号）には「娼妓の希望」という記事があり、そこでは神戸の福原遊廓において警察が稼業中の娼妓一三〇〇名を対象にした調査の結果が掲載されている。調査は「ふく

娼妓の希望

神戸福原警察署の調査

神戸市福原に現在働いてゐる娼妓は九十三軒の貸座敷に千三百名ゐる。その娼妓全部に對し舊臘横山湊川署長は『ふくざうないあなた方の生活と希望悩みを聞かせ下さい』と夫々記入の用紙を配布してゐたが、集つた回答の要旨は左の如くであつた。

問　勤めゐて一番樂しいこと
答　樓主の慰安會に行くこと、國から壯健だとの便り、日が過ぎて年期が段々短くなること
問　勤め中何が一番恐しい
答　うるさい客、病氣、ひまで午前二時まで一人賣れ殘つたとき
問　國から便りと國への便り
答　何れも三四回
問　酒量は如何
答　すゝめられて二三杯、多くて五合
問　一月の煙草代は幾位
答　二三圓程です
問　子を產んだことがあるか
答　有無相半
問　一日平均の睡眠時間
答　七八時間以上の店もあるが平均六時間
問　勤めのひまに何を勉強
答　お針、編物、雑誌を讀む
問　あなたの信仰する神佛
答　お稲荷さん（殆ど全部が同じ）
問　實家の宗敎
答　日蓮宗か門徒宗が多く基督敎一名
問　勤めに出てかゝつた花柳病
答　重輕症を問はず罹病の模樣
問　花柳病の外にかゝつた病氣
答　子宮病
問　花柳病らしい客に接するときは
答　サックを使ひます。お斷りします
問　娼妓になるまでの想像
答　殆ど違はないと云ふもの。考へて居るよりよかつた。想像もつかぬほど苦しい
問　年期が明けたらどうします
答　異口同音、すうちやんと一處になります（大宇）家に歸ります

其他煩悶、樓主への希望警察への注文は其筋に於ても研究を要する事項少からず嚴秘に附してゐるが、答は『思ふことはあとで警察に行き詳しく申上げます』が多く、又千三百名の娼妓は一人も殘らず『外出の自由』をねがつてゐることは眞に苦痛をうつたへる彼女達のはらから迸しつた聲であらう。

—（34）—

図11　娼妓の希望調査（1931年）

ぞうないあなた方の生活と希望悩みを聞かせ下さい」と質問用紙を配布しておこなったという。掲載されているのは回答の要点のみなので内訳や割合はわからないが、「勤めのひまに何を勉強」という質問に対して「お針、編物、雑誌を読む」という回答が書かれている（**図11**）。つまり、福原遊廓においては編物などと同じように、仕事の空き時間を埋めるものとして雑誌が読まれていたようである。その調査では具体的な雑誌名はわからないが、福原よりもさらに規模の大きい名古屋中村遊廓にいた松村が一九三二（昭和七年）年に発表した自叙伝のなかでひとつ雑誌名をあげている。

　ヒケを知らせる鈴の音が慌しく通り過ぎて、店に座り疲れた私達は腹の底からホーッとした。庭には、ひやかし客の声もしない。静寂な廓の夜は何とはなしに重苦しい空気が頭上にのしかかっている。

私達は一分も早く帳場からの「おやすみ」の声がかかるのを待ち侘びていた。トランプにもあきていた。紹刺《ろざ》しの針も動かない。八時間も手つかず（一度も客に出ない）で座っている者にとっては、「おやすみ」の声が限りなく待遠しくて、膝の関節がずきずきと痛んでくる……不安な不気味な空気が襲って、キングを読んでいた者も、キネマの写真に見入っていた者も一様に本を伏せて、にじり寄った（傍点強調引用者）。*13

これは売れない娼妓たちへの楼主の説教がまさにはじまろうとする直前の不穏な様子を描いた場面である。トランプ、紹刺しに続いてここでは、先にふれた『キング』の名前があがっている。国民大衆誌と銘打って発刊された『キング』が、松村が働いていた一九二〇年代半ばの遊廓のなかでも読まれていたことを裏付ける描写である。それに続いて書かれているキネマの写真も、「一様に本を閉じて」とあるので、おそらくは映画雑誌あるいは女性誌等の雑誌だろう。ほかにも、松村は、一般的な娼妓たちの読みものとして講談本をあげている。それは直接的な描写ではなく、つぎのように形で記述される。

宵の七時から張店に座りつかれて居眠りしている者もある。しゃべりつかれて足をなげ出

*13 松村喬子「生地獄『廓』を抜けた私 自叙伝――自廃から婦人闘士へ」『中央公論』第四七巻第八号「夏季臨時増刊『大衆雑誌』」一九三二年八月、一三〇、一三二頁。

している者もある。まだかるたを取っている連中は、源平に別れての勝敗で一生懸命になっている。楼主はこのかるたと講談本を店で読むのが一番きらいであった。それは、彼女等が、夢中になるから。客が揚っても、その時の気持が、かるたに敗けた時は客に当られるから。講談本もその時の小説によって彼女等の心理が、客に対する商売気がなくなるというのであった（傍点強調引用者）。*14

楼主がかるたと並んで講談本を読むことに嫌悪感を持っていたということは逆にいうと、松村のいた妓楼においては講談本を読む娼妓たちが一定数存在していたことを示している。講談本とは、もともとは講談の速記をルーツとする娯楽書で、明治末期に立川文明堂が小型の文庫版を出版し爆発的なブームになった。『真田幸村』や『猿飛佐助』など史伝や戦記を中心とした講談本は、基本的には子どもむけの書物であり、平易な言葉で書かれているのが特徴である。遊廓の営業形態上、娼妓たちには必ず待機時間があり、その時間を埋めるものとして雑誌や講談本などを読むという行為が一般的だったことはたしかなようである。

一方で、すでに述べたように、森や松村は遊廓のなかではきわめて高学歴であり、二人が書き残した記録から確認できる読書傾向は、いまあげた『キング』や講談本とは大きな隔たりがある。松村に関する新聞記事や、先述の自叙伝によると、松村が中村遊廓のなかにいたときに楼主の目を盗みつつも読んでいた雑誌として具体的に名前をあげているのは、森光子の手記「廓を脱出してから白蓮夫人に救わるるまで」が掲載された『婦女界』（一九二六年七月号）、片山哲の論考「公娼廃止の前後策」が掲載された『婦人新報』（一九二六年八月号）、あとは『改造』である（森光子も二冊目の著書『春駒日記』のなかで入院中に客から届いた雑誌として『改造』をあげている）。松村は「私は女学校二年まで参り、多少でも教育を受けて居ましたお蔭で本を読むことが好きでしたから、こっそり婦人公論とか改造とかを読んで居りました」（『婦女新聞』一九二八年一月二二日）と答えているので、それらの雑誌を定期的に購読していたのだろう。『婦人公論』に関していえば、一九二二（大正一一）年に東京市で職業婦人九〇〇名を対象にした調査では、最も読まれている雑誌であった。[*15] 松村と森の証言しかないためはっきりとはいえないものの、遊廓という隔離された空間のなかにあっても、とくに教育を受けた娼妓たちは、外の職業婦人たちが読んでいるのと同じような教養誌を読み、そこで語られる知識や思想に日常的にふれていたのではないだろうか。

外の世界との接点としての手紙

松村の作品で日常の風景のなかに、しばしば本や雑誌が描かれているのに対して、森光子の『光明に芽ぐむ日』で、森も含めて娼妓たちが日常的に読んでいるのは、出版物ではなく手紙である。その内容は家族からの手紙であったり、客からの手紙であったりとさまざまだが、森以外

＊14　松村、前掲「地獄の反逆者＝人生記録＝」（連載第二回）、一〇七、一〇八頁。
＊15　永嶺、前掲書、一七七頁。

の娼妓たちにとっても手紙が文字を読み、書く機会であったことはおそらくまちがいない。というのも、客と手紙のやりとりをして登楼をうながすことも仕事のうちだからである。森は遊廓で働きはじめた当初にやり手から受けた「初めから花魁がお客に手紙を書くのは、花魁の恥よ。だけどね、手紙がお客から来たら是非返事を書いて、足繁く通わす様にしなくちゃあ駄目よ」[*16]というアドバイスを書き留めている。客からの手紙をめぐってつぎのようなエピソードもある。

客から手紙がずいぶん来る。くだらないものを破り初めた。そこへ、おばさんが入って来た。

「何? 手紙破るの? 惜しいね、裏張りにするから妾に下さいよ、おとし紙に使ってもいいじゃないの、方々から集めて随分たまったよ」と

ひと抱えもある紙束を持って出て行った。

「こんな風にされるのも知らず、これでも一生懸命書いて寄すんだから、男って馬鹿なものね」

と千代駒さんは笑っていた。[*17]

くだらない内容の手紙すら紙として有効利用しようとする遊廓の人間の強欲さと、書き手である男性を憐れむ朋輩との軽やかな対話を描くエピソードであるが、ここでわかるのは手紙がどれだけ遊廓の生活において日常的な存在であるかということである。

客から送られた本をめぐる手紙のエピソードも紹介されている。森は客から麻生久の『生きんとする群』を送られたという。麻生久は吉野作造とともに大正デモクラシーの啓蒙団体の黎明会を立ち上げたことで知られる活動家であり、『生きんとする群』は一九二三年に新光社から発刊された小説である。その客からの手紙には「これは、きっと貴女に、何物かを与えるでしょう。僕も多大の感動を受けました。法学士が淫売婦を妻にする所なんか、殊に、考えさせられました」とあり、読後感をききたいとも書いてあったという。それに対して森は「しかし、この忙しさでは見られそうもない。ゆうべは客を十二人取る」[*18]と感想を書き記している。実際に娼妓として休む間もなく働いている森に対して、「何物かを与える」と読書を勧める客に対する痛烈な皮肉となっている。

そのような稼業上のやりとり以上に、娼妓たちが手紙を読み、書いていた最大の理由は、それが郷里の家族も含めた遊廓以外の世界との直接的な接点になっていたからだろう。当時、すでに電話は存在していたが、まだ一般家庭に普及しておらず、自由に外出することができない遊廓においては手紙が外側とつながる唯一の媒体であった。ある程度の社会経験を経てから遊廓に入った娼妓たちはともかく、森のように地方の生家から直接遊廓に入った娼妓たちにとって、それま

＊16　森光子『光明に芽ぐむ日――初見世から脱出まで』文化生活研究会、一九二六年、一〇七頁。
＊17　森、前掲書、三四七頁。
＊18　森、前掲書、三五三頁。

での人間関係のネットワークから完全に切り離されてしまうことは、精神的に大きな負担になったはずである。たとえば、先に紹介した福原遊廓のアンケートには「勤めていて一番楽しいこと」という質問項目があり、それに対する回答で、楼主の慰安会や年季が短くなることに加えて、「国から壮健だとの便り」という娼妓の言葉が紹介されている。たとえ直接会うことはかなわなくても郷里とのつながりを保ち続けることが働き続けるなかで非常に重要な意味を持っていたのだろう。

遊廓にむけて呼びかける

雑誌や講談本などは読者層の想定はありつつも基本的には広く一般むけに発行されたものだが、それとは異なり、遊廓のなかに届けることだけを目的に発行された、特殊な印刷物がある。それは廃娼運動による自由廃業案内や、社会主義者やアナーキストによる廃娼ビラである。発行部数や配布された地域が限られているため、読んだ娼妓の側の記録はまったくといっていいほど存在しないのだが、遊廓のなかに配られ、一部であっても娼妓たちが目にしていたであろうことはまちがいないので、その内容を簡単に見ていきたい。

一九二〇年代に入ると社会主義者やアナーキストたちも、底辺女性労働者の解放という視点から、しばしば遊廓においても廃娼を訴えるようになった。そのなかでもアナーキストの流れをくむ香具師《やし》による廃娼運動は一九二〇年代前半に高揚し、とくに北海道では全道に広がるほどの盛り上がりをみせたという。[*19] 香具師が廃娼運動に力を注いだ理由として、猪野健治は貧困家庭出身や破産者、一家離散等階級底部を放浪した経験を持つ者が多い香具師と、やはり社会の底辺出身者がほとんどを占める遊廓の女性たちの共通性をあげている。[*20] それらの活動のなかで、実際に一九二二（大正一一）年九月一二日に佐世保市下京町および勝富町遊廓で配布されたビラの文面が、社会運動を取り締まっていた警保局保安課の記録のなかに残っている。

皆さんは人間ではないか。皆さんの弱点に付け込みて皆さんの肉を切売りする残虐飽くなき人達も人間である。

悪魔の様な楼主は暴力と金力とを背景として皆さんに精神的に肉体的にあらゆる迫害と屈辱とを強要して居る。人間はお互に自由でなくてはならぬ、兎や猫ではない。

皆さんは金のため人間としての扱をされなければ皆さんの力で鉄鎖を切ればよいのだ。それには何者も拒否する事は出来ない……法律も認めて居る。斯くする事に依って人間としての生の享受を得る事が出来、人生の春も来れば花も咲くのだ。

皆さんは何時までも屈服しないで、自覚しなくては駄目だ。[*21]

＊19　猪野健治『テキヤと社会主義――1920年代の寅さんたち』筑摩書房、二〇一五年、七八頁。
＊20　猪野、前掲書、八〇頁。
＊21　警保局保安課「大正十一年自一月至十月　香具師一派ノ利用シタル宣伝文」二〇頁、『一九二〇年代社会運動関係警察資料』廣畑研二編・解説、不二出版、二〇〇三年（マイクロフィルムリール3［警視総監室旧蔵文書］）。

人間は自由でなければいけないと説き、娼妓たちに自覚をうながすこのビラは、三名の香具師の手によって、遊廓付近の路上で四〇〇〇枚が配られたという。[*22] 少し後の情報になるが一九三〇年発行の日本遊覧社『全国遊廓案内』[*23]によると、佐世保勝富町遊廓は一六軒の貸座敷に約一五〇名の娼妓が働く比較的小規模な遊廓であり、ビラの枚数から考えると遊廓のなかにいる娼妓だけでなく、より広範囲に私娼（無登録で売春を行なう娼妓）なども対象に配られたと考えられる。遊廓のなかでこのビラを受け取った女性による記録は発見できなかったが、一九二〇年代後半になると同じ長崎県の出雲遊廓で娼妓による楼主の強姦の告訴や、虐待の告発もおこなわれており、あるいはこのような香具師による運動も影響を及ぼしていたのかもしれない。[*24]

つぎに廃娼運動による自由廃業案内であるが、古いところでは救世軍の『ときのこゑ』第一一二号（一九〇〇年八月一日）の「女郎衆に寄る文」や、娼妓の自由廃業裁判を支援したことで知られるユリシーズ・グランド・マーフィによる「娼妓に与ふる文」（一九〇〇年一〇月一一日）などがある。『廓清』（一九一四年一〇月号）は「娼妓自由廃業案内」号であり、序に人身売買の厳禁を告げる太政官布達第二九五号（一八七二年一〇月）が掲げられ、本の中間部の四四頁と四五頁の間に点線があり、「この点線より切り放ち女郎衆に与えられんことを望む」と、娼妓へのメッセージが切り離せるような造本になっている。森や松村がまだ楼内にいた一九二五年には、救世軍によるつぎのようなビラが発行されている。

救世軍では、久しい前から自由廃業の、御相談相手になって、居りますが、廃業したくても様子が分らぬで困るとか、又は廃業した後で、行く処がなくて当惑するとかいう様な方は、東京市神田区一ツ橋通町救世軍本営へ、相談にお出でになれば、堅気の身に落着を定めることが出来る様、せいぜい御世話をして上げます。

元来娼妓という稼業は、女の操を切り売りする誠に悪い商売で、娼妓が繁盛すれば世の中に親不孝者や、道楽者が増え、中には金に困って泥棒や、詐欺師になるものさえ出来るという良くない商売であるから、こんな商売は一時も早く廃業するほどが善いのです……あなたがたは誰に遠慮もなく、さっさとその悪い商売をやめて堅気な人間におなりなさい。

（救世軍本営発行「娼妓廃業のすすめ」一九二五年一一月）

悪い商売をやめてさっさと堅気になれ、と呼びかけるビラを手にした娼妓たちはなにを考えただろうか。先ほどの香具師のビラが同じ労働者という視点から決起を促していたのに対して、こちらは救済者の立場から遊廓のなかの女性たちを教え諭しているという印象を受ける。

＊22　警保局保安課「大正十一年自一月至十月　香具師一派ノ宣伝文書調」四頁、『一九二〇年代社会運動関係警察資料』廣畑研二編・解説、不二出版、二〇〇三年（マイクロフィルムリール3［警視総監室旧蔵文書］）。

＊23　日本遊覧社『全国遊廓案内』一九三〇年（＝南博ほか編『近代庶民生活誌　第14巻』三一書房、一九九三年、一五五頁）。

＊24　詳しくは山家、前掲書、一一七―一三二頁を参照。

3　自由になるために〈読む〉こと

希望を〈読む〉

遊廓のなかでなにが読まれていたのかということについて、書かれた記録を手がかりに見てきた。娼妓たちは稼業の空き時間に雑誌や講談本を読み、遊廓という外の世界から切り離された空間にいても、手紙によって郷里とのつながりを保っている。ときには廃娼運動による廃業案内やアナーキストの配るビラを目にすることもあっただろう。

ものを書き残さなかった大多数の娼妓たちがどのような思いで、本や雑誌やビラを読んでいたのかということはわからないが、松村や森の作品を参考にすると、二人に共通しているのは、テクストのなかに遊廓という困難な状況を生き抜くための希望を読み込んでいるということである。たとえば、松村の「地獄の反逆者」には娼妓たちが廃娼運動のパンフレットを前に相談する場面が描かれている。

川柳と高奴と歌子とは、廓清会から出ているパンフレットを見ていた。三人の顔には、少しではあったが、輝きの光りがさした。歌子は、婦人公論を二人にしめした。そこには、娼妓の自廃についての記事がのっていた。筆者は片山哲としてあった。

「いよいよ行くとすれば、東京の方が好いワ、それに、私なんとなく、救世軍や、矯風会より、片山哲と云う方の方へ行った方が好い様に思うのよ」[*25]

松村は逃走にむけて情報収集をする娼妓たちの様子を描きつつ、従来のキリスト者による廃娼運動よりも片山の方を好ましいと感じる主人公歌子の姿を描写している。松村が中村遊廓から脱走したのは一九二六年九月のことであり、のちの自叙伝を参考にするとこの相談の場面は逃走直前の時期にあたる。労働運動を頼って廃業を成功させたあとの松村が片山を好意的に描くのはある意味当然であるが、ここでは既存の廃娼運動に対する違和感のようなものが「なんとなく」という感覚的な言葉で表現されている。あるいは、その感覚は一九二〇年代後半に遊廓のなかにいた女性たちには、ある程度共通するものであったのかもしれない。というのも先に見た一九二五年に配られた救世軍のビラの文面の主要な部分は『廓清』一九一一年七月号に掲載された「娼妓廃業の勧め」とほぼ同じであり、その十数年の間に社会における女性を取り巻く状況は大きく変化し、遊廓のなかにいたとはいえ、娼妓たちは、自由や平等を求めるデモクラシーの雰囲気を雑誌や新聞記事などをとおして十分に感じとっていたはずだからである。

読書が「命のかて」(『読売新聞』一九二六年一二月一八日)だったという森は、遊廓のなかでゲーテの詩集や啄木詩集などに加えて、柳原白蓮の作品をとくに好んで読んでいたという。

*25　松村喬子「地獄の反逆者=人生記録=」(連載第六回)『女人芸術』一九二九年九月号、九七頁。

どんぞこの生活のなかにあっても、本は私の救い主であったのでした……ひまをぬすんでは読んでいました……白蓮夫人の、あの愛の生活に勇かんな態度は、私をどれ程よろこばし、生かして下すったか知れません……たいへん不作法な言い方ですが、白蓮夫人は私の崇敬の的になりました。[*26]

柳原が九州の炭鉱王である伊藤伝右衛門との愛のない結婚から逃れて新聞記者の宮崎龍介のもとに走ったことは有名だが（いわゆる白蓮事件）、森は遊廓という困難な状況を生きる自分とかつての柳原の姿を重ねあわせ、勇気を持って飛び出した柳原に強い憧憬を抱いている。そこでは、柳原のテクストは、森が日常を生き抜くための希望として新たに解釈されることになる。森が遊廓のなかで読んでいた柳原の作品は、時期から考えると第二歌集『幻の華』（一九一九年）あるいは『白蓮自選歌集』（一九二一年）などではないかと考えられる。その憧れは、柳原に手紙を書くという実際の行為にむすびつき、柳原と同じように森は逃走を実行するのである。

森と同様に、松村も読むことをとおして遊廓からの脱出を具体的にイメージしたようである。興味深いのは、松村にとっては、森が遊廓からの脱出を綴った『婦女界』の手記が、大きな契機になったということである。松村は「地獄の反逆者」のなかで、主人公の歌子が森の告白を読み、「私達もやっぱり進む道はあった。救いを求むる処はあるのだ……決して、このままで死んでよいものか？　今に必ず光りのある世界へ」[*27]と独白するシーンを描いている。同作品が小説の技法で書かれている以上、そこで書かれていることをそのまま松村の心境と読むことはできないが、森の『婦女界』の記事が松村にとって遊廓からの具体的な脱出マニュアルとして機能したのはたしかである。森は楼内で「（脱出の）前に手紙で自分の苦しい立場を訴えお願いしておく方がよいと思い」[*28]、楼の人間にもみつからないように注意しながら柳原にレターペーパー一〇枚程度の手紙を書いてから逃走したということを手記のなかで書いた。松村は、『婦人公論』の論考で知った片山哲に手紙を書き、その返事を受け取ってから脱出を果たしている。自叙伝には、片山の記事に出会ったときの衝撃がつぎのように書かれている。

私は客から送って貰った婦人公論（栄楼では、読ませない）の中の一字ずつを貪るように読みふけった。
公娼廃止論　　　片山哲
胸の鼓動が高くなって息詰る。手が震えている。足から頭の先まで熱い血がかけづりまわっている。
暗示されたものは何か。今まで知ろうとして知り得なかった事が、ハッキリと頭の中に浮き出てきたのだ。[*29]

*26　森光子「廓を脱出してから白蓮夫人に救わるるまで」『婦女界』第三四巻第一号、一九二六年七月、一七五頁。
*27　松村喬子「地獄の反逆者＝人生記録＝」（連載第五回）『女人芸術』一九二九年八月号、一一八頁。
*28　森、前掲「廓を脱出してから白蓮夫人に救わるるまで」、一七八頁。

松村がここで「知ろうとして知り得なかった事」といっているのはなにを指しているのだろうか。片山哲の論考のタイトルは正式には「公娼廃止の前後策」であり、公娼廃止の時期が近いという認識から廃娼後の具体策を論じるきわめて実際的な廃娼論となっている。そこでは公娼制度の廃止が「実行期に這入る曙光が見えて来た」と語られ、「廃止の方法と廃止後の処置に就き、最も賢明なる実際論を考えて行かなくては」という展望が述べられている。*30 文中で片山は山川菊栄の廃娼論を引きつつ、公娼制度における強制的な性病検診を「甚だしき人権蹂躙であり、自由束縛であり奴隷視である……他人の営業の為めにその屈辱を受けなければならぬということは、非文化野蛮の極致である」*31 と強く断罪する。おそらく松村は、論理的な片山の廃娼論をとおして、逃走という行動で遊廓から離れることに道義的な問題がないという確信にいたったのではないか。文章を読み、自らが置かれている状況を理解するというリテラシーが、遊廓のなかにいても松村が状況を切り拓く大きな力になっているのである。

自らを写す鏡としての新聞

そのように雑誌のなかに自由廃業や公娼制度廃止に関係する情報をみつけたり、文学作品で書かれていることを自らの状況に照らしあわせたりするような読み方は、遊廓のなかでもやはりある程度教育を受けた女性の読書文化であったのかもしれない。というのも、『婦人公論』(一九二六年七月号)には、吉野作造による「娼妓の自由解放」という記事や、北山薫による森光子の紹介「白蓮夫人に救われた吉原の娼妓」という記事があるが、そもそもその雑誌を読むことができない娼妓たちは、その情報を受け取ることができないからである。ただ、それらの教養誌を読むことができない娼妓たちも同時代の遊廓をめぐる情報から疎外されていたわけではない。おそらくは新聞記事が遊廓にかかわる問題や情報を伝えるもっとも身近な活字メディアであった。

遊廓で新聞を読んだという証言をいくつか見てみよう。まず、存娼運動側（公娼制度を維持しようとする楼主たちを中心とする運動）の機関誌である『公娼』（一九二六年一〇月号）には、新聞を読んだ一娼妓の感想が掲載されている。

近い将来に妾等が籠の鳥と云う哀れな別名から逃れたら、どんなに幸福であろう。きょう新聞で品川に五年も勤めた花《おい》らんが品川駅で判らなかったと云う嘘の様な母子別れの新聞記事に涙ぐんでしまったわ。（「妾等の一日　娼妓告白日誌」『公娼』一九二六年一〇月号、六二頁）

ここでは、書き手とされる娼妓は、遊廓で働くうちに変わってしまった姿を親にも気づかれなかった、というある娼妓をめぐる新聞記事に、自らの身の上を重ねて読んでいる。なぜ公娼制度

＊29　松村、前掲「生地獄『廓』を抜けた私　自叙伝──自廃から婦人闘士へ」、一三八頁。
＊30　片山哲「公娼廃止の善後策」『婦人公論』第一一巻第八号、一九二六年八月、三七頁。
＊31　同前、三九頁。

の存続を目的にした雑誌に「籠の鳥」であることからの解放を願う娼妓の告白が掲載されるのかその関係はよくわからないが、遊廓の外の人間であれば読み飛ばしてしまうかもしれないエピソードに深く同情を寄せているところが当事者のリアリティを感じさせる。

やはり匿名になるが、『弘前新聞』（一九二六年七月二八日）にも、新聞記事で富山県羽衣遊廓や松島遊廓での娼妓解放という報に接したという娼妓の感想が掲載されている。「私共同境遇の人達に取って我が事の様に嬉しく感じられます……私達は解放の一字を聞いた時は夢ではないかと疑った位でした、私はその話を聞いたばかりでも嬉しくって嬉しくって天国にでも上った様でした」（『弘前新聞』一九二六年七月二八日）と、遠い遊廓における娼妓たちの解放という報に接したときの喜びが感情的に綴られている。

それらの匿名の娼妓による証言に共通しているのは、新聞記事のなかの遊廓関連報道を自らの状況に重ねあわせて、共感的に読むという姿勢である。記事に関する同様の読みは森や松村の作品にもしばしば見られる。二人が文章のなかで共通して言及している記事がひとつある。それは一九二六年五月に開催された全国警察本部長会議において、公娼制度の廃止や娼妓の待遇改善を主張した松村義一警保局長について報じる新聞記事である。松村は「毎日新聞には続づいて松村警保局長の意見が発表されて、娼妓は大部分その新聞の記事をよろこんで、歌子の読んで聞かすのをジットおとなしく聞いた」[*32]とその新聞記事を取り上げ、それに対する娼妓たちの反応を描写している。森がその記事を読んだのは、厳密には遊廓のなかではなく、脱出して数日後のことだが、つぎのように感想を記している。

松村警保局長さんが、娼妓の自由廃業は勝手（本人の自由という意味——引用者注）だという様な、娼妓に大変同情のある言葉をのべておられました……新聞には、松村さんの奥様が、大そう私達に同情して下すった事が書いてありました。私達女性の幸福は、女性自身によって……と思っていた事が、何だか間違っていない様に思われてなりませんでした。[*33]

森がそこで「間違っていない様に思われた」と書いていることに象徴的だが、遊廓という楼主によって情報が管理される空間のなかで、遊廓をめぐる新聞記事は、娼妓たちが自らの社会的な位置づけをさぐる上で鏡のような役割を果たしている。松村も「お客が持ってきてくれる新聞や雑誌を読んで、自分等の居る境涯がどんなものかと云うことも段々分かって参りました」（『婦女新聞』一九二八年一月二二日）と語っているように、閉じたコミュニティのなかにいるだけではなかなか見ることのできなかった自分たちの状況に「読む」という行為をとおして娼妓たちは次第に近づいていったのである。

*32 松村、前掲「地獄の反逆者＝人生記録＝」（連載第五回）、一一八頁。
*33 森、前掲「廓を脱出してから白蓮夫人に救わるるまで」、一八五頁。

おわりに――〈読む〉ことをとおして新しい世界を生きる

結論を述べる前に、一九二〇年代後半の新聞をもう一度開いてみる。「娼妓に売られる相談を聞き逃走　悪い叔父の手にかかり東京へ出て来た女」(『東京朝日新聞』一九二六年七月一五日)、「広島の娼妓、警視庁へ駈け込み自廃を願い出ず　残虐な待遇に泣いて五人一緒に上京」(『二六新報』一九二六年八月五日)、「女優を夢み酌婦二名逃走」(『弘前新聞』一九二八年六月一一日)、「女給になりたいと交換手の家出　二名が手をとって弘前から盛岡へ」(『弘前新聞』一九二九年一一月二日)――これらはごく一部に過ぎないが、ひとつの特徴として、逃走をとおして活路を切り拓こうとする女性たちの様子が頻繁に報じられている。そこでは逃走する女性たちの動機も状況も異なっているが、共通するのは多くの女性たちにとって逃走は、すでに置かれている社会関係から抜けだすためのぎりぎりの「選択」であったということである。それらの報道を、遊廓のなかで娼妓たちはどのような思いで読んだのだろうか。

見てきたように一九二〇年代の出版文化の急速な発展によって、娼妓たちは遊廓のなかにいても、異なる土地にある遊廓も含めて、ほかの女性たちの状況を知ることができるようになった。つまり女給に憧れる交換手の家出も、女優を夢見る酌婦の逃走も、遊廓のなかに生きる女性にとって、もはや遠い世界のできごとではなかったのである。たとえ楼主による妨害はあるにしても、遊廓のなかで女性たちは活字メディアによって、遊廓の外側にいた女性たちが見ているのと同じ、発展を続ける都市の風景を、消費文化を目の当たりにしていた。そのことが遊廓のなかの不正や不自由をより際立たせたであろうことは想像に難くない。

あるとき森光子は長金花の一室で「雑誌を開いて、二三行拾い読みしてみたが」どうしても読み進める気にならなかったという。


火鉢を背にしてまた考え込んでしまう。

どうして妾は、こんな境遇に身を置かねばならなかったのだろう……。

運命かも知れない。前世の約束かも知れない。でもこんな世の中が……。

諦めようと、どんなに悶いても、諦める事のできない妾の心……いっその事、平気で何もかも、ごまかし通せないものかしら……酒に我を失った客のように……だが、こんな所に、不自由な籠のなかに、この尊い時を五年も六年もどうして過ごされよう……。

皆同じ人間に生まれながら、こんな生活を続けるよりは、死んだ方がどのくらい幸福だか。

ほんとに世の中の敗惨者《はいざんしゃ》！*34

そのとき森が開いていた雑誌になにが書かれていたかはわからない。しかし、少なくとも遊廓

*34　森、前掲書、三一〇頁。

という閉ざされた空間から想像する外の世界が、森に自らの不自由な状況を「死んだ方がどのくらい幸福だか」と感じさせたのはたしかだろう。

活字メディアによって外の世界の情報にふれることは、森や松村といった高学歴の女性に限られたものではなく、文字を読むことのできる娼妓たちは楼主にうとまれつつも講談本や国民大衆誌といわれた『キング』を読み、新聞からも情報を吸収した。それは「読む」という行為が、外に出ることのできない遊廓という空間における数少ない娯楽であったということと、強いストレスに満ちた日常を生き抜く希望を得るために不可欠であったからである。文字を読むことはただの受動的な営みではなく、社会のなかに自らの位置付けを探る能動的な行為であり、さまざまな矛盾を認識した娼妓たちはその状況を変えるためにさらに直接的なはたらきかけをはじめるようになった。それは表にはでない手紙のやりとりであったり、ときにはストライキや集団逃走の形をとった。

森や松村は遊廓を離れたあとにそれぞれ葛藤を抱えつつも、かつての生活を批判的なまなざしから描くという方法で、公娼制度や娼妓であった経験と積極的に対峙した。そのようにして、元娼妓によって書かれた作品や、新聞によって伝えられる娼妓たちの行動は、そのまま遊廓のなかの女性たちへの直接的なメッセージにもなった。松村が森の記事に衝撃を受けたように、それはマニュアルであるのと同時に実現可能性という希望でもあった。新聞や雑誌が積極的に廃娼世論や労働運動家による廃業支援を伝えるようになった一九二〇年代後半から全国に急速に広がっていった、集団逃走やストライキが、遊廓における活字メディアの影響力の一端を示している。

また、状況改善を求める娼妓たちのなかで森や松村のような教育のある娼妓たちは、ときに特別な位置を占めることになった。松村は森光子の『婦女界』の記事をほかの娼妓たちに読んできかせ、森の親友である千代駒は張り店で森の『光明に芽ぐむ日』をほかの娼妓たちにせがまれて大きな声で読んだという。[*35] そこでは、〈読む〉という日常的な実践が、状況を変えていくひとつのたしかな力になっているのである。

*35 森光子『春駒日記』文化生活研究会、一九二七年、三一四―三一六頁。

第六章　闘争の時代の余熱のなかで

森光子『春駒日記』の描く吉原遊廓の日常風景

今日だ、今日だ、今日だ、今日より外に自分のこの運命の絆を断つ日はない。

自分を虐げた、あらゆるものに対する復讐の首途の日。

かと思うと妾《わたし》は、自分ながら驚く程の緊張さが込み上げて来た。

神はきっと自分を守って下さるに違いない。十八本の注射も今日で終わり、もし今日打ってしまえば、もう一人で病院へは行かれない。皆と一緒ではどうしても逃げる事は出来ない。

――森光子*1

一九二九（大正一五）年四月に吉原遊廓から逃走した森光子の一冊目の著書『光明に芽ぐむ日――初見世から脱出まで』（文化生活研究会、一九二六年）は、二〇一〇年に再版された朝日文庫版の解説で斎藤美奈子が「第一級のノンフィクション」[*2]と述べているように、森自身の経験に根ざした作品であり、これまで遊廓における過酷な生活についての当事者の証言として読まれてきた。

たしかに『光明に芽ぐむ日』には、搾取の実態や、一晩に一〇人近くも客を取り、常に病気の恐怖を抱えているという娼妓たちのリアリティが当事者の視点から克明に描かれている。新聞記事や廃娼団体の機関紙をのぞいて、取り上げられることのなかった娼妓自身の声を伝える史料としても非常に貴重なものである。しかし、森は、ただ事実を「記録」しただけなのだろうか。

たとえば、『光明に芽ぐむ日』は、最初から最後まで一貫して「×月×日」という日付表記のあとに、その日のできごとが描かれるという日記の体裁をとっている。しかし、本章の冒頭に掲げた脱出の朝の場面は、当然日記ではなく、ほとんど小説的ともいえる技法で書かれている。それどころか、『光明に芽ぐむ日』をていねいに読み込むと、日記を書くという行為自体が遊廓を生き抜くための手段として作品の冒頭で位置づけられ、その日記に描かれたさまざまな苦難を読み手は追体験し、最終的に脱出というクライマックスをむかえる、という一貫した物語的な構成を持っていることがわかる。楼主や周旋屋への復讐のために日記を書きはじめる場面は、つぎのような劇的なモノローグである。

＊1　森光子『光明に芽ぐむ日――初見世から脱出まで』文化生活研究会、一九二六年、四一三頁。
＊2　森光子『吉原花魁日記　光明に芽ぐむ日』朝日文庫、二〇一〇年、三一五頁、斎藤美奈子による解説。

復讐の第一歩として、人知れず日記を書こう。
それは今の慰めの唯一であると共に、また彼らへの復讐の宣言である。
妾の友の、師の、神の、日記よ！（『光明に芽ぐむ日』、四一三頁）

その物語構造のなかで、読み手は、春駒、という遊廓のなかの女性の日記を読んでいるように感じさせられるが、実際には、森光子という書き手が描きだす春駒の「物語」を読むのである。森が同書の執筆に要した時間は正確にはわからないが、一九二六年九月発行の雑誌『反響』に「稿半ばを脱し、上梓の日も遠くはあるまい」と書かれてから実際の出版までなお数ヶ月かかったことを考えると、構成も含めて幾度かの推敲を経ていると推測される。[*3] いうまでもなく、作品に構成がなされていることは、『光明に芽ぐむ日』の記録的な価値を損なうものではない。ここでいいたいのは、森の優れたストーリーテラーとしての側面に光をあてるべきであるということだ。いったい森は、書くことによってどのような世界を表現したかったのだろうかという問いが必要である。

そのような観点から、森の作品に言及した研究を見なおしてみてはっきりしたのは、実は森光子という人物や作品世界には、驚くほど関心がむけられてこなかったという事実である。そもそも森自身についての史料がほとんどないということもあるのだが、遊廓に入る前の森の経歴については、森自身が書いた『光明に芽ぐむ日』や『婦女界』（一九二六年七月号）に寄稿した手記にある説明――高崎の貧しい銅工職の長女として生まれ、啄木の詩集に親しむ少女時代を過ごす――がすべてであり、廃業後については外務省属吏の西野哲太郎と結婚したという数行程度の解説に留まる。[*4] おそらく森について、史料の調査も十分にされていないのではないか。

そこで、本章では、まず廃業後の森の足取りについて可能な限り史料によって跡づける。結論を先取りすると、史料のなかの森の足取りは一九三〇（昭和五）年で途切れている。しかし、今回の調査によってこれまで明らかでなかった時期の消息が掴めたことで、二冊目の『春駒日記』（文化生活研究会、一九二七年）刊行の状況が少し浮かび上がってきた。

つぎに『春駒日記』に焦点をあてる。『光明に芽ぐむ日』は、公娼制度の廃止を求める世論が高揚し、遊廓におけるストライキや集団逃走が頻発した一九二六（大正一五）年に発行され、当事者の告発の書として大きな話題になった。『春駒日記』はその翌年に発行されたのだが、同時代的にも、歴史研究のなかでもほとんど注目されていない。公娼制度をめぐる社会的な関心がやや薄れつつあったことに加えて、『光明に芽ぐむ日』に比べると作品としての統一感が乏しく、遊廓生活をめぐるエッセー集であることも、その注目の低さの理由であったのかもしれない。しかし、森自身が『春駒日記』の序文で「生活を偽らず、ありの儘に描いてみました」（序一頁）

＊3　森光子「春駒・廓日記」『反響』第一巻第六号、一九二六年九月、四五頁。
＊4　たとえば、森光子『春駒日記』（高良留美子、岩見照代編『女性のみた近代　第Ⅱ期　第3巻　森光子『春駒日記』昭和2年・文化生活研究会』ゆまに書房、二〇〇四年収録）における渡辺みえこによる解説など。

白蓮女史を頼つて
吉原を逃れ出た女
どうか私を助けて下さいと
涙の身の上を打明けて歎願
長金花樓の『春駒』

細々と　書かれてあった

身の上

堅い女の一念に
困りはてた女史
圖らず來合せた總同盟の
岩内氏が救ひ主に

泣き込んだ女をかこんで
【右から岩内氏、白蓮女史、宮崎氏、春駒の光子】

仙台へ
空の便り
今日から
の郵便飛行

遞信省

図 12　『東京朝日新聞』1926 年 4 月 27 日

と述べているように、遊廓の告発を主目的としていた前作よりも、はるかに多様な経験や感情が表現されている。

遊廓のなかの時間を、自分の言葉で整理しながら語りなおすことが、森にとってどのような意味を持っていたのかという視点から、『春駒日記』に描かれる遊廓という空間と、そこで生きる女性たちの姿をていねいに見ていこう。

1　森光子の足取りをたどって

「闘争」の時代の寵児として

森光子が吉原から逃走した一九二六年は、公娼制度下の遊廓で働いていた娼妓たちにとって、特別な「闘争」の一年であった。前章でふれたように、同時期にはキリスト者を中心とする廃娼運動や労働運動が高揚し、一九二六年五月には全国警察部長会議と地方長官会議においても、「娼妓の待遇改善」という新方針が示されている。森光子という人物がはじめて世間の注目を集めたのも、そのころのことである。*5

森の吉原遊廓からの逃走は、『東京朝日新聞』（一九二六年四月二七日）で「白蓮女史を頼って吉原を逃れ出た女／どうか私を助けて下さいと涙の身の上を打明けて懇願／長金花楼の『春駒』」という見出しの写真入りの大きな記事で報じられた（図12）。写真では森は後ろ姿で、白蓮らが正面に写っている。

記事によると森の逃走時の年齢は二一歳、群馬県高崎市赤坂町銅工職の長女として生まれ、高等小学校まで進学するが、一九二三（大正一二）年に父が亡くなると、一家は困窮したという。病弱な母と「行状の悪い兄」、まだ幼い妹がおり、森は兄と相談の上で吉原に行くことを決め、六年の年季、一五〇〇円の前借金で一九二四（大正一三）年の春から働きはじめた。

> 白蓮夫人の歌に共鳴するほどあって文学趣味が豊かであった。のろわれた生活の中から夫人の自由な生活態度にあこがれを感じた彼女は去年（一九二五年――引用者注）の秋頃から心ひそかに逃亡を思いはじめた。（『東京朝日新聞』一九二六年四月二七日）

この記事が出た時点では、まだ森の著作は世に出ていないので、白蓮への憧憬や、文学を好き

*5　山家悠平『遊廓のストライキ――女性たちの二十世紀・序説』共和国、二〇一五年、一〇七―一一〇頁。

であるということなど、新聞記者が実際に森に取材して書かれた記事であるということがわかる。朋輩の娼妓花山とともに逃走を試みるが失敗し、[*6] その後一九二六(大正一五)年一月から梅毒と肺病と心臓病で二ヶ月半もの入院を余儀なくされる。借金も増え、体も手術で弱り切るという絶望的な状況で再度逃走を決意し、白蓮に手紙を書いた。最終的に、四月二三日の母の死が直接のきっかけとなって、四月二六日朝九時に医者に行くといって長金花から抜けだしたという。森の突然の来訪に白蓮は困惑するが、たまたまその場に居合わせた労働運動家の岩内善作の支援によって、森は自由廃業を遂げた。

森の逃走の三日後、再び『東京朝日新聞』が「公娼問題を掲げて松村警保局長の英断」という見出しで、警保局長が公娼制度の廃止も視野に入れて論議をすすめる、という記事を掲載した。警保局長の構想自体は、当然それよりも前から練られていたものであろうが、森は遊廓の改善という時代の象徴的な存在となったのである。

六月になって警察が全国で一斉に遊廓の実態調査をはじめると、警察署に不正の告発をしたり、ストライキという手段で状況改善を訴えたりする娼妓たちが続出する。『東京朝日新聞』をはじめとする大新聞も社説に公娼制度の廃止を掲げ、娼妓たちの行動を後押しした。[*7]

そんな娼妓たちの「闘争」の時代の寵児としての森の評価を決定づけたのは、同年七月に雑誌『婦女界』に発表された手記「廓を脱出して白蓮夫人に救わるるまで」である。手記のなかでは、困窮する家を救うため遊廓に入ったという経緯から、遊廓での生活や脱出の決意について詳細に綴られていた。なによりも世間の耳目を集めたのは、逃走した娼妓自身が、廃業にいたるまでの経験を自らの言葉で書き記したということである。

本篇はその当人、森光子さんが、自分で事の顚末を詳細に手記されたものです。遊廓制度の残虐と、貪婪飽くなき楼主連の搾取ぶり、そしてそこに棲む不幸な同胞達の目もあてられぬ生活を、裏の裏まで赤裸々に率直にブチまけて、世の識者に訴えたものがこの一文です。十七頁にわたる血涙の長編手記!! めざめゆく無産階級者の力強い叫び声をお聞き下さい。*8

そのように新聞に掲載された手記の広告でも当事者の手による作品であることが強調されている。同時に、当時高揚していた労働運動の文脈ともむすびつけるような表象もおこなわれている。

当事者が公娼制度に対して声を上げたことのインパクトは大きく、遊廓のなかにいた女性たちにも影響を与えることになった。第五章でふれたように、当時名古屋の中村遊廓にいた松村喬子は森の手記を読み、廃業に具体的な希望を見出すのである。

さまざまな形で注目を集めた結果、森にはいくつかの出版社から体験記を書かないかというさ

---

*6 この記事には花山と逃走を試みたとあるが、森自身の記述では花山は単独で逃走し、行方がわからない、ということになっている（森、前掲『光明に芽ぐむ日』、一八六―二〇〇頁）。
*7 山家、前掲『遊廓のストライキ――女性たちの二十世紀・序説』、一一三―一三四頁。
*8 愛知県の新聞紙『新愛知』（一九二六年六月一七日）に掲載された『婦女界』七月号の広告。

そいがあったという。*9「面白く書くと売れる」といった不愉快な言葉をかけてくる依頼者もあって躊躇したというが、最終的に「『婦人公論』をとおして尊敬していた吉野博士や、徳富さんの方々のものを出版する書店」*10である文化生活研究会から一九二六年一二月に『光明に芽ぐむ日』は出版された。

図13 『読売新聞』1926年12月25日掲載広告

『光明に芽ぐむ日』から『春駒日記』へ

一九二六年一二月二五日、『読売新聞』の一面に大きく『光明に芽ぐむ日』の広告が掲載された（図13）。新聞の題字よりも大きな広告には、安部磯雄による書評（『国民新聞』から転載）も付されていた。当時の一般的な書籍広告に比べても大きく、きわめて目立つ広告である。

『光明に芽ぐむ日』の反響に関しては、一九二七（昭和二）年一〇月発行の『春駒日記』に掲載された森と親しかった朋輩の千代駒からの手紙で間接的に知ることができる。千代駒のもとには『光明に芽ぐむ日』を読んで深く感動したという若い男性が本を持って話しをききにきたり（千代駒は噂できいていた本をそのときはじめて手にしたという）、本に描かれた千代駒の顔を見たいという興味本位の学生が訪れたりしたという。それだけではなく、悪く書かれた朋輩ややり手が怒っていたことも手紙に書かれている。「ことに清川さんは気の毒です。あの本を読んだといって、妾の所に来た人は十人ばかりありますのに、あの人の所には一人も来ません。あの人の悪口がたたったんでしょう」（『春駒日記』、三一八頁）という千代駒の言葉からは、同時期多くのひとに読まれていたことがうかがえる。一作目の反響が、おそらく二作目の『春駒日記』の出版につながったのだろう。

『春駒日記』が出版された一九二七年の秋には、森は同じく廃業した松村喬子とともに公娼廃止デー（一〇月一七日）の公娼廃止署名活動に参加している。『廓清』（一九二七年一一月号）は「全国婦人同盟からの応援として森光子さんや村松《ママ》喬子さんなどという前に娼妓であった婦人達が来られたので、我ら同志も大いに力づけられた」とその日の様子を伝えている。*11 松村との活動がいつまで続いたのかは判然としないが、『婦女新聞』（一九二八年一月二二日）の松村への取材記事に「松村さんは、今春駒の森光子さんと一緒に、娼妓の自覚を促すため、解りいいパンフレットを書いて、彼女等の許に送る計画を立てている」と書かれているので、少なくとも一九二八（昭和三）年初頭までは一緒に活動していたことがわかる。

*9 森光子「遊女の生活記録を著して（上）」『読売新聞』一九二六年一二月一八日。
*10 森光子「遊女の生活記録を著して（中）」『読売新聞』一九二六年一二月一九日。
*11 無署名記事「廃娼日情況」『廓清』第一七巻第一一号、一九二七年一一月、三九頁。

ところで、そのころ、森の人生は大きな変化を迎えることになる。西野哲太郎という人物との結婚である。一八九五（明治二八）年生まれの西野は森の一〇歳年上で、原籍は茨城県にあり、一九二一（大正一〇）年から外務省で働いていた。[12] 一九二四（大正一三）年に省内の試験に合格し、一九二五（大正一四）年八月から外務省翻訳課に勤めていた西野は、史料によって多少の時期の相違があるものの、一九二七年春ごろに森と結婚し、『春駒日記』の出版に尽力したという。しかし、『婦人倶楽部』（一九二八年六月号）に「外交官と結婚した春駒を訪ねる」という記事が出たことで、外務省を追われた。無産党に入党し森とともに廃娼運動に取り組む、と『長崎新聞』（一九二八年五月二八日）の記事が伝えている。廃娼団体の機関誌『廓清』にも西野の外務省からの罷免に関する記事が出ており、そこでは「妻光子さんを頼って、飛び込んで来た洲崎や、吉原の娼妓、あるいは白蓮夫人の手許に逃れて来た地方の芸娼妓を十数名、君の手で自由の身体にしてやった。ところが楼主側から役人として怪しからんと抗議があったので、課長先生震いあがってさてこそ西野君の免職となった訳である」[13] とも紹介されている。間接的にではあるが、森が廃業を求める娼妓たちにとってひとつの希望になっていたということがその記述からは読み取れる。

縁は異なもの
何が二人を結んだか（十）
世間を呪ふ男！
男を呪ふ女！
『春駒日記』の光子さんと
西野鐵太郎君

図14　『読売新聞』1929年8月23日

森と西野についての続報は『読売新聞』（一九二九年八月二三日）の「縁は異なもの　何が二人を結んだか」という連載記事に登場する（前日には松村喬子が紹介されているので、松村からの紹介だろうか）。その記事に掲載された肖像写真は前年の『婦人倶楽部』（一九二八年六月号）にあるものとアングルもポーズもまったく同じなので、おそらくその雑誌取材時に撮影されたうちの一枚と考えられる（**図14**）。記事によると二人は当時印刷所の一室を間借りしていたという。西野の名前が「鐵太郎」となっていたり、出身地が群馬になっていたり、必ずしも正確とはいいがたい記事だが、『春駒日記』（ほかの史料と照らしあわせるとおそらくは『光明に芽ぐむ日』の誤りと思われる）を読んで感銘を受けた西野が友人の宮崎龍介を通じて結婚を申し込んだ、という二人の接点が述べられている。記事のなかでひとつ目を引くのは、結婚の申し入れを受けた当時を回想する森の言葉である。

将来の希望――それは私と同じ境涯にいる同性を救いたい、自覚を与えたい、そして私は自分のなめて来た苦しい経験をそのまま小説にし、また遊廓などというものの内部のカラクリを暴露して、世間の人々に見せてやりたい――そうした希望も持っていましたので、私のそういう仕事を遂げさせてくれればと申しますと、もとより大に賛成だし、ゆっくり勉強さ

＊12　外務省編『外務省年鑑　弐』一九二七年、二二五頁。
＊13　長尾半平「浅草女子青年団の為に悲しむ」『廓清』第一八巻第六号、一九二八年六月、一一頁。

せてやる。――自分も貧しい職工から勉強して来たのだから――とこう申してくれますので再び男に接しまいと思っていた私も気持ちを曲げて結婚致しました。(『読売新聞』一九二九年八月二三日)

かつての自分と同じように遊廓のなかにいる女性たちを救うのと同時に、小説をとおして遊廓の内部や自分自身の経験を描きたいという。ほかの記事にあるように二人の結婚の時期が『春駒日記』発行前だとすると、ここで回想されている内容は、『春駒日記』執筆の動機の一部とも読める。あくまで記者が編集可能なインタビューなので確定的なことはいえないが、森が「小説」という言葉を用いているのは注目に値するように思われる。

歴史の闇のなかに

そのように一時期は社会的に強い関心を集めた森だが、史料のなかの足取りは、冒頭でふれたように一九三〇年で途切れている。最後に森の消息を伝える『新青年』(一九三〇年八月号)の「何処へ行く　杉山さと子・北里氏・春駒諸君の行方は?」という記事によると、森はそのころプロレタリア作家貴司山治の高円寺の家の二階に西野と居候していたという。*14 そのときも西野はまだ失業中で「いくらかドン・キホーテ式なところがあって、いつまでたっても就職しない。赤貧洗うが如き生活難である」*15と揶揄されている。いわゆるゴシップに類する記事なので、必ずしも正確ではないかもしれないが、貴司山治宅に居候していたというのは、貴司の回想記にも確認できるので、おそらくまちがいない。[*16]

森のそれ以降の情況は現在まだわかっていないが、西野については、いくつかその後の記録が残っている。一九三一（昭和六）年三月には、中国の大学の卒業生を連れて吉野作造のもとを訪ね、帝大の大学院への紹介を依頼している。[*17] 西野の友人と新聞記事で書かれていた宮崎龍介は、一九二六年に吉野や安部磯雄と独立労働協会を結成しており、おそらく宮崎の紹介等があったと推測される。吉野の日記には続報が記されていないので詳細はわからない。また一九三二（昭和七）年と翌年の『日本新聞年鑑』の国民新聞社社会部の欄に西野の名前を確認することができるので一時期は新聞記者として働いていたのだろう[*18]（いずれも前年末時点の情報なので、少なくとも

＊14　無署名記事「何処へ行く　杉山さと子・北里氏・春駒諸君の行方は?」『新青年』第一一巻第一〇号、一九三〇年八月、一七八頁。記事は貴司の家を高円寺としているが吉祥寺の誤りである。
＊15　同前、一七九頁。
＊16　貴司山治の遺稿にはつぎのような記述がある。「柳原白蓮が姪の古井徳子（今、楢崎すが子）をつれて遊びにくるようになったのも、そのころである（一九二九年ごろ――引用者注）。やがて白蓮のもとに身をかくしていた元吉原の遊女春駒が、吉原からの追手を逃れて拙宅へ逃げ込んできた。かの女は「春駒日記」というのを出版して評判の女だったが、およそ名とは似つかぬ色の黒い、眼のぎょろりとした痩せた女で、そのあとからかの女の夫である西野哲太郎がくるようになった。西野は、外務省の属吏だったが、遊女春駒を自由廃業させた演出者で、そのため外務省をクビになり、社会運動のつもりでそのあとも、自由廃業の手引きをやっていて、吉原の暴力団に追いかけ廻されていた」（貴司山治「遺稿　私の文学史」『暖流』第一七号、暖流の会、一九七七年一二月、五三頁）。
＊17　吉野作造『吉野作造選集〈一五〉日記三―昭和二―七日記』岩波書店、一九九六年、二六四頁。

一九三二年末までは在籍している）。その後、戦後になって貴司山治の一九五七（昭和三二）年九月八日の日記のなかに「前の細君とはすでに十数年前に別れて」[*19]という記述があるので、いずれかの時点で離婚していたのはたしかである。

今後、雑誌や地方新聞などのデジタル化が進み検索が容易になれば、一九三〇（昭和五）年以降の森の消息がもう少し明らかになるかもしれない。

2　書き手としての森光子

森の著作と先行研究

ここまで現在みつかっている史料のなかに森光子の足取りをたどってきた。『春駒日記』に焦点をあてる前に、まず、現在判明している森光子の全著作と先行研究について簡単にふれておく。森が発表した文章は、確認できるだけで以下の八本である。

①「廓を脱出してから白蓮夫人に救わるるまで」『婦女界』（一九二六年七月号）
②「吉原病院日記」『婦人公論』（一九二六年一一月号。『春駒日記』に収録）
③「夕霧さんの恋」『世界』（掲載誌未確認。『春駒日記』に収録。同書の序で『世界』に掲載されたと言及）

④「春駒・廓日記」『反響』[*20]（一九二六年九月号。「初見世に出るまで」「廓に馴れて」という二作品。いずれも『光明に芽ぐむ日――初見世から脱出まで』に収録）
⑤『光明に芽ぐむ日――初見世から脱出まで』文化生活研究会（一九二六年）
⑥「『光明に芽ぐむ日』　遊女の生活記録を著して」『読売新聞』（一九二六年一二月一八日、一九日、二〇日。三回にわたる連載）
⑦『春駒日記』文化生活研究会（一九二七年）
⑧「モルヒネ娼妓の罪」『文藝春秋』（一九二九年八月号）

以上のうち、『光明に芽ぐむ日』と『春駒日記』に関しては、著作権継承者不明のまま二〇一〇年に朝日文庫から再版されている。それまでは、『光明に芽ぐむ日』は谷川健一編『近代民衆の記録3　娼婦』（新人物往来社、一九七一年）に収録されたものか、古書店で入手するほかなかった。『春駒日記』は『女性のみた近代　第Ⅱ期　第3巻　森光子『春駒日記』昭和2年・文化生活研究会』（高良留美子、岩見照代編、ゆまに書房、二〇〇四年）で復刻されている。

＊18　日本新聞研究所編『日本新聞年鑑』日本新聞研究所、一九三二年、一〇二頁。同年鑑、一九三三年、一〇九頁。以降、西野の名前は登場しない。
＊19　貴司山治研究会編『貴司山治全日記DVD版』disc 1・2、不二出版、二〇一一年。
＊20　同誌は木村毅によって一九二六年四月に創刊された、新興知識階級や無産階級の思想に焦点をあてた雑誌である。のちに森の著書を出版する文化生活研究会から発行されている。

それらの文庫や復刻版には一応の作品解説が付けられているが、それは当時の公娼制度の過酷な状況への言及や、森の経歴、作品紹介に留まるものである。森の作品を文学研究の対象として取り上げた論文も管見ではみつからなかった。

一方で、森の本が発行された当時の廃娼運動家の著作や、後年の歴史研究のなかで『光明に芽ぐむ日』は、遊廓の残酷さを示す証言として紹介されている。廃娼運動家の伊藤秀吉は『紅灯下の彼女の生活』（実業之日本社、一九三一年）で、『光明に芽ぐむ日』から、梅毒で死んだ娼妓力弥の話や大震災のエピソードを長文引用し、「之を一片の小説と見てはならぬ。恐らくは事実談であろう……識者は此中から娼妓生活の如何なるものなるかを看取するのである」[*21]と論じている。紀田順一郎の『東京の下層社会』（新潮社、一九九〇年→ちくま学芸文庫、二〇〇〇年）も、『光明に芽ぐむ日』の要約と引用に多くの頁数をさいて、遊廓の残酷な搾取システムについて説明している。「当時の娼妓の過半数がまったくの無学歴か小学校中退のため、手紙一通満足に書けなかったという状況から見れば例外的な存在」[*22]、「文章を書くという行為の困難性は想像以上のものがあったろう――生命の危険さえ覚悟しなければなるまい」[*23]というふうに、森が遊廓のなかでも例外的な存在であったこと、遊廓でものを書くことの困難が強調されている。ただし、一九二七（昭和二）年におこなわれた草間八十雄による東京の娼妓六八一名の調査によると、無就学者は九二名で、最終学歴が尋常小学校五・六年から高等小学校一・二年にかけてという女性が全体の半数近い三〇六名いるので、簡単な読み書きであればおそらく問題なくできただろうと考えられる。[*24]遊廓のなかで文章を書くという行為についても、すでに第四章の和田芳子の例で見たように、遊廓の内情を暴露してなお働き続けることが可能であったことを考えると（楼主からの叱言や、朋輩からのやっかみは受けるにしても）、「生命の危険」は明らかな誇張である。

いずれにしても、『春駒日記』に関しては、二〇〇四年に復刻版が出版された際に付された詩人の渡辺みえこによる解説をのぞくと言及した研究はない。これまで、当事者による告発という一面に紹介者の関心が集中しており、森の人物像や作品世界を読み解こうとする関心がそもそも乏しかったのではないかということが指摘できる。

『春駒日記』の構成

『春駒日記』の序文によると本のタイトルは、『光明に芽ぐむ日』と同じく、社会運動家の賀川豊彦がつけたという。『光明に芽ぐむ日』と比べると、会話文以外の一人称が「妾」から「私」に変わったことや、日記の体裁を離れたことなどいくつか変化があるが、もっとも大きな変化は、遊廓の告発というテーマがやや背景化し、森が遊廓で過ごすなかで経験したさまざまなできごとを、文体を工夫しながら描いていることである。

＊21　伊藤秀吉『紅灯下の彼女の生活』実業之日本社、一九三一年、二九二頁。
＊22　紀田順一郎『東京の下層社会』新潮社、一九九〇年→ちくま学芸文庫、二〇〇〇年、一六二頁。
＊23　同前、一六七頁。
＊24　草間八十雄『灯の女闇の女』玄林社、一九三七年、一〇三頁。

同書は二二のエッセーと五通の手紙からなる。後半の手紙は、『光明に芽ぐむ日』にもしばしば登場した朋輩の千代駒からの手紙をそのまま掲載したという。それぞれのタイトルと内容はつぎのようなものである。

①「新駒花魁の逃亡」。公休日に一緒に外出した変わり者の娼妓新駒の逃走を描く。
②「甚助お客」。嫉妬深い客にさんざんお金を使わせたというエピソード。
③「何が彼をそうさせたか」。恋にやぶれた早稲田商科の学生が中国に行くまでの交流を描く。
④「島田嘉七」。撮影所勤務を自称する嫌な客とのやりとりを描く。
⑤「ある一夜」。朋輩の清川と客を対応に追われた晩のエピソード。
⑥「刺青」。客に「山田」という入れ墨を腕に彫られてしまった朋輩の話。
⑦「五円のお客」。朋輩の小紫とむかえた親切な二人連れ客の話。
⑧「意地悪花魁」。「大きな口に悪どいほどの金歯」の松島という花魁を描く。楼主すら脅す娼妓。
⑨「喜劇役者」。浅草公園〇〇館の女形の客の話。「同じ女」と信じるが裏切られる。
⑩「廓の恋の悲哀」。仲のよかった朋輩大巻の恋と切ない別れを描く。
⑪「夕霧さんの恋」。『世界』掲載原稿（掲載誌は未確認）。朋輩夕霧の進展しない恋を描く。
⑫「牛太郎」。森の働く長金花では雇い人がつぎつぎに解雇されるという短いエッセー。
⑬「やりて婆の失敗」。軍人のお客にふっかけて怒られたやり手の話。

⑭「ある馴染客」。早稲田商科の好きだった学生の話。就職した北海道から手紙をくれる。
⑮「早川雪洲の兄」。黄色いお経の本を持ち、いつも二円しか払わない変な客の話。
⑯「吉原の遊び」。三井物産の増田とその連れに関するエピソード。
⑰「美術学生の狂言」。夕霧から森に乗り換えた客にさんざんつらくあたる話。最終的に客は満州に行ってしまう。
⑱「吉原一の花魁」。朋輩の力弥の豪快さを描く。最後は力弥に逃げられたお客の田中に同情している場面で終わる。
⑲「娼妓の出世」。吉原病院入院中に出会った千住遊廓の千鳥の悲劇を描く。
⑳「女の花魁買い」。夫婦連れの客との対話。夫は朋輩の照葉と部屋を出て、森は妻と話す。
㉑「吉原病院」。『婦人公論』掲載原稿に加筆。リアリティ溢れる病院生活の記録。
㉒「崩れんとする吉原」。朋輩の千代駒が脱出した報告と手紙。以後、脱出前の手紙四通、脱出後の一通が掲載される。
㉓「地獄で仏」。千代駒が『光明に芽ぐむ日』を客から受け取ったという話。
㉔「遊蕩学生の醜態」。いやな学生の客に一歩もゆずらなかったという話。
㉕「腕は細くも」。長金花の娼妓たちが森の本に怒っているという話。遊廓に広がる波紋。
㉖「忍従から反抗へ（娼妓のストライキ）」。大喪中のストライキの報告。
㉗「千代駒さんの復讐」。千代駒の脱出記。

序文で森自身が「お約束の時期が切迫したために、この記録を統一することのできなかったことを誠に残念に思います」（序一、二頁）と書いているように、同書の内容は朋輩や客の雑多なエピソード集という印象が強く、『光明に芽ぐむ日』のような一貫した物語性はない。

ひとつだけ象徴的な作品をあげておく。朋輩の進展しない恋を描く「夕霧さんの恋」である。詳しくは後述するが、『光明に芽ぐむ日』でも朋輩千代駒のはかない恋のエピソードが語られていたように、森にとって遊廓の恋を娼妓の視点から描くことは大きなテーマである。ただ「夕霧さんの恋」がなぜ象徴的なのかというと、森が物語の語り手となり、一度も一人称の「私」が登場しないからである（森自身が登場しない）。

夕霧さんは、小柄なちょっと粋な女で、今年二十四だが、地味づくりのせいか年よりも三つ四つ老けて見えた。あまり顔立のいい女という程でもないが、調子の好い口のききっぷりや睫毛の長い、大きな黒みがちの瞳は人の心を惹きつけずにはおかなかった。

彼女の島田がいつもちょっと横に傾いているのや、前髪と鬢《びん》の格好の何となく仇っぽい風情には誰しも惚れ惚れとさせられるのだった。（『春駒日記』、一三八頁）

小説の登場人物のような夕霧の描写は、森が『光明に芽ぐむ日』においては自らに課していた「記録者」という位置を離れて、ひとりの創作者として遊廓のなかに生きる女性を描こうとするたしかな変化を感じさせるものである。

執筆の動機

『春駒日記』に収録された作品について、森自身はどのように説明しているだろうか。序で森は「一日も早く自由な身になりたい一念から、浅ましい稼業そのものに、ひたすらいそしんでいた時分の生活を偽らず、ありの儘に描いてみました……これを暴露する事によって、遊女生活の惨めさを、より深く知って戴き、不幸な私達姉妹の為に、心ある皆様の御情にすがりたい一念から、未熟な筆を走らせて、この『春駒日記』を臆面もなく出す事にいたしました。ほんとに恥さらしでございますが」（序一頁——傍点強調引用者）と執筆の動機を書いている。自分自身の遊廓の生活を偽りなく描くことで、遊女生活の悲惨さを世に問うのが目的であるという。ただし、すでにふれた「夕霧さんの恋」の例に明らかなように、ここで語られる作品の意図と、実際に描かれている内容とは乖離がある。

その背景には、娼妓が社会的に発信するということに対する差別と、森自身が過去にふれることに対して抱いている心理的なハードルという問題があるように思える。まず差別については、第四章で見た『遊女物語』をめぐる社会的な言説の変化を想起することができる。当初ものめずらしさから娼妓名義の出版を好意的に評価していた活字メディアも、それが流行となると次第に「劣悪文学」という批判を強めた。そのときから時代は進んでいるものの、一九二六年においても『岩手日報』に掲載された娼妓の投書に「世間に私達の味方がない」*25とあるように、世間からの偏見や無理解は、遊廓のなかに生きる女性たちにとって共有の感覚であっただろう。『光明に芽ぐむ日』においては、公娼制度の告発という目的が明確であり、そこでは娼妓が経験を語ることも「許される」が、ただの日常の告白は「不謹慎」である――そのような視線を意識しているからこそ森は、「浅ましい」「恥さらし」といった自己を卑下するような表現を頻繁に繰り返しているのだろう。

かつての自分自身の生活を語ることへの心理的な負担については、『光明に芽ぐむ日』でも言及している。森は「只今は、その当時の妾に、ふれたくないようなこともございますから……やがて晴々しい気分にでもなれば、ゆっくりと書きたいと思っております」（あとがきの一頁）と記している。ここでいわれている「その当時」とは、遊廓のなかで過ごした時間のことである。なぜ、「ふれたくない」のか。『春駒日記』の序には、よりはっきりとした説明がある。

自分の身辺記録を書く事は、他人の生活を描く事よりも容易だったのですが、併し、私としても、あの当時はたとい暫くの間でも廓生活の自分にふれたくなかったのでした。盗品におびえる盗人の心もあんなものでしょうか。それに私は、主として公娼制度を皆様に訴えたかったのでございます。（序二、三頁――傍点強調引用者）

ここで用いられている「盗品におびえる盗人」という比喩を字義通りにとれば、森自身は、娼妓として生きた自らの経験自体を後ろめたく、罪の意識を持ってとらえている、と読める。遊廓での経験は、「盗品」のような、たとえ持ってはいてもひとに見せることのできないものである。

それをあえて語るのは、「遊女生活の惨めさを、より深く知って戴き、不幸な私達姉妹の為に、心ある皆様の御情にすがりたい一念」からである――しかし、そのような森自身の序における説明とは対照的に、『春駒日記』に描きだされる遊廓に生きる女性たちの世界は、「惨め」や「不幸」といった言葉だけでは表現できない広がりを持っている。

3 『春駒日記』を読む

客や朋輩とのさまざまなコミュニケーション

「身を売る」「女を買う」といった慣用法にも顕著なように、遊廓という場所は通常金銭によって性（行為）の取引がおこなわれる場所としてイメージされる。たしかにそれはそうなのだが、森が『春駒日記』で描くのは、娼妓と客の間にあるのは性行為だけではないというきわめてシンプルな事実である（そこには性的な描写が検閲の対象になるという事情もあるだろうが）。

「何が彼をそうさせたか」というエッセーのなかで、森は恋に破れた早稲田商科の松澤という学生に請われてしばしば賛美歌をともに歌う。

＊25 『岩手日報』一九二六年九月二五日。記事では、廃業しても行く場所がない、と嘆く娼妓の投書を紹介している。

「君、賛美歌知っている？『みのれる田のもは見渡す限り』あれを僕に唄ってきかせてくれんか。僕はあれを女の細い声で聞きたいと思っていたんじゃ」

彼はしきりに唄えとすすめた。私も賛美歌が大好きなので彼のいうなりに唄った。（三九頁）

「今日はお金がないから、一時間だけ話して帰る。すまないけれど」

彼は三円出した。

「今日は一緒に賛美歌を歌おう。だが、こんな所で歌うべきものでないから、君もお祈りし給え」（四三頁）

「君、もう最後のお別れじゃ。いつもの賛美歌を二人で唱おう。そして別れよう」（五四頁）

下宿の本や浴衣から時計まで質に入れて森のもとに通い続けた松澤は、最終的には自らの身の上話を森に打ち明けて中国に渡ってしまう。その身の上話はつぎのようなものだ。クリスチャンである松澤は、地元九州の教会で中学時代に出会った文房具店の娘と将来を約束していたが、大学の卒業を待たずにその女性は親に無理強いされて結婚してしまったという。森は、楼から立ち去る松澤の後ろ姿を見て「何という淋しい姿なんだろう。私はそう思ったとき、涙ぐましいような感じがするのだった」(五五頁)とも書いている。もちろん客との関係はあくまで金銭を媒介したものであるのは大前提なのだが、森が描く松澤との関係の中心には、賛美歌を歌うという行為と、かすかな共感のようなものが存在している。

ほかのエッセーのなかでも歌や詩といった芸術が、森と客との関係のなかで重要な位置を占めている。「ある馴染客」というエッセーでは、やはり早稲田の学生である内山との歌や詩を通じた交流を描いている。「内山さんは早稲田の学生で歌や詩が上手だったので私は好きだった……内山さんがよく来る時分、歌合せをやると歌が上手になると教えてくれた。それから来る度に一生懸命歌合せをして遊んだり、歌を書いておいては、来る度に見てもらったりしていた」(一五八頁)。吉原病院に入院中の経験についての長編エッセー「吉原病院」では、入院している森が朋輩の馴染客から楽譜を送られるエピソードも描かれる。「手紙と一緒に清川さんの馴染高橋さんから、『君よ知るや南の国』と『春の夢』の音譜が届いた」(二六八、二六九頁)。清川という娼妓は森が親しくしていた娼妓として『光明に芽ぐむ日』にも頻繁に登場しているが、その清川の客が入院中の森のためにわざわざ楽譜を送ったというのである。

ほかにも客からのさまざまな差し入れに関する描写がある。入院中に受け取った千代駒からの手紙には、「昨夜澤田さんから電話がかかったので、色々私がわけを話したのよ。そうしたら大変心配していらしたわ。その内にお金を送るからって。それから、どんな物を送ったらよいかと聞くから、パイナップルの缶詰にカステラ位のものだといったら……」(二三二頁)と森の馴染客から差し入れについての相談があったと書かれていた。結局、その澤田という客からは、啄木詩集の第二巻と『改造』の新年号とお金が届いたという。

客のなかには、娼妓との性行為を必ずしも重視していないように見える客すらいる。「五円のお客」はいつも二人連れで遊廓にくる運転手の客のエピソードである。朋輩の小紫と森でその二人の相手をするのだが、ある晩小紫の体調が悪くなったことに気づいた二人は寝巻のまま外で懐炉を買ってきてくれたという。「男に似合ない、ずいぶん親切な人だと私は思った。よくそんな所に気がついたと感心した」(九一頁)。


二人はさっぱりしている人達だった。

「忙しければ、俺達の所なんか来なくもいいよ。」

といつもいっていた。男同志で一緒に寝て帰って行く事は度々あった。それでも来るときになるときっと来た。すっかり馴染になった。

「今夜は忙しいから来られないわよ」

といって放って置ける様になった。それで少しも怒らないで、機嫌よく帰った……小紫さんはこの二人が来なくなった当時は自分の一番大切なものでも失った様に口惜しがって、毎日口癖の様にいっていた。(九一、九二頁)

それらのさまざまな客とのやりとりを描くエピソードが伝えるのは、客が遊廓に求めてくるのは、性行為だけではなく、馴染になった娼妓たちとの対話や歌などさまざまなコミュニケーションだということである。それは、遊廓で働く娼妓たちの側から見れば、遊廓における労働が、きわめて複雑で高度な接客業であったことも意味している。森の描きだす世界のなかで、森も含めて娼妓たちは、客の話をきいたり、相づちを打ったり、ときには歌を歌ったり、自らの身の上を打ち明けたりしている。遊廓における労働がそのような深い精神的なコミットメントを必要とされる労働である以上、そこには必然的に人間的な交流が生まれてくる。前借金による拘束や常に病気の恐怖をかかえているような過酷な状況であったからこそ、人間的な感情のやりとりが印象的なできごととして思いだされたのだろう。

「手に負えない」女たち

森が描く娼妓たちのなかには、楼主をやりこめる娼妓も多く登場する。「新駒花魁の逃亡」というエッセーで語られるのは、新駒という変わり者と評判の娼妓をめぐるエピソードである。新駒は、小言をきかされると着物をまくって、太ももを叩き「ぐずぐず言やがると、逃げっちゃうぞ」(一二三頁)と口癖のようにいうのだという(実際に逃げた)。また、森とも仲のよかった大巻という娼妓の恋を描く「廓の恋の悲哀」では、大巻の様子を「少し気に入らないことがあるとすぐすて寝をするのがくせだった。時によると一週間も二週間も休んでいた」(一二三頁)と描写する。

なかでも強烈なのは、「意地悪花魁」で描かれる松島である。その題名通り森は松島に対する嫌悪感を隠そうともしない。「松島花魁といえば誰しもまるで毛虫にでもさわる様な感じを持っている意地の悪い花魁だった……『何てあくどい意地悪そうな顔なんだろう』こう思ったのが私が始めて彼女に対しての印象だった」（九三頁）、「当時彼女は二八歳だった。彼女のしゃくれている顔、低い鼻、つり上がっている細い眼、悪どいほどの大きな口、彼女の容貌はちょっと見てもいかにもいじ悪さを物語っていた」（一〇五頁）。その松島に対しては、楼主すらお手上げであったという。松島が休業届を出し、父親と帰っていき、いつまでたっても楼には戻らなかったというところでエッセーは終わっている。

「吉原一の花魁」で描かれる力弥もまた強烈な印象を残す。力弥は三一歳で中肉中背、「ちょっと見るとにぎやかな顔をしているが、なんとなく凄みを帯びた目をしている」（一八九頁）。自分のことを「おれ」と呼ぶ。貧しい家に育ち一八歳で男にだまされ各地を転々とし、三〇歳ではじめて娼妓になるという波乱の人生を送っている。松島とちがい森は力弥には好意を寄せていたのか、その描写の視線は優しい。

力弥さんは永い間ある魔窟にいた。そうして第一に、行った先の主人と関係を結び、最後には大金を巻き上げてしまう。そうした事が力弥さんには常習の様であった。それなのでひと所にいつまでも居る事はできなかった。どこへ行っても一ヶ月と経たないうちに借金を踏み倒して出てしまう様なやり方だった。又巻き上げるばかりではなく、もっとひどいのになると力弥さんは料理屋三軒もつぶしてしまったそうである。いつも口ぐせの様に、

「金持からはどんどんふんだくれ」

といっている。そして力弥さんはあらゆる金持、男は敵の様に思っている。

しかし力弥さんは、何でも金持からは巻き上げてしまうという様なやり方をしている人ではあるが、そうかといって、そうしたお金で着物を作ったり、贅沢をするというのではなかった。困っている人にやったり、みんなにぱっぱっぱっとやってしまうのだった。（一九四、一九五頁）

最終的に、力弥は長金花の楼主の息子に身請けされるが、その後きれいに手を切って、待合の女将になっているという。エッセーは、森が、力弥が去ったあとの長金花で、力弥の馴染客の田中の愚痴をきき、居所を伝えてあげたいような、申し訳ない気持ちをいだいているというモノローグで終わる。だが、タイトルの「吉原一の花魁」にも明らかなように、森はエネルギーに満ちた力弥の姿をきわめて肯定的に描いている。

森は、そのほかのエッセーでも、楼主の権力にもひるまず、休んだり、不平をいったり、ときには遊廓から離れてしまう娼妓たちの姿を徹底して描いている。そこでは、娼妓たちは、廃娼運動家が描くような非力な存在ではなく、さまざまな方法で自らの主張を押し通し、道を切り拓いていく。自ら道を切り拓くという意味では、娼妓であることを「選ぶ」女性すら登場する。前述の「廓の恋の悲哀」に登場する大巻は、すでに十数軒を渡り歩いてきた娼妓である。一五歳で芸者として働きはじめ、身請けしてくれた相手が同棲四ヶ月目に肺の病で死去したときに、決まった夫は持たないと決意したという。

「妾が少しせい出して働けば、五百や千の金は一年たたなくてもきっとぬいて見せる」

彼女はいつも口ぐせの様にこういっていた。それには彼女は如何なる客でも牽《ひき》つける自信があるからだった。けれど彼女は他の花魁達と一風変っていた。早く借金なしをしてこうした社会から足を洗うという心は更になかった。

「妾はみんなの様にああしてあくせく働く気になれないわ、馬鹿馬鹿しい。妾はね、一生こういう生活をするの、面白くね、だけど、一所にじっとしてちゃ面白くないわ、妾ねこれからものんきに方々とび歩いて見るつもりよ。それにどうしてみんなはあんなに借金ばかり苦にしてるんだろう、妾おかしくてしょうがないわ」（一一三頁）

序で、「遊女生活の惨めさを、より深く知って戴き、不幸な私達姉妹の為に、心ある皆様の御情にすがりたい」と書いた森からすれば、一生娼妓の暮らしを続けたいという大巻はそのイメージにそぐわないはずだが、大巻の描写はきわめて好意的である。「大巻さんは私がここへ来てからの最初の印象の人だった。ほんとうに無邪気な人だった。私は彼女が物をいったり笑ったりする時の顔が何ともいえない程好きだった」（一一三頁）。つまり、すでにふれたことだが、森が同書の意図として「外向き」に説明していることと、実際に描きたい経験との間には乖離があるということがこの大巻をめぐる一連の描写からもわかる。

最終的に、金払いの悪い客に恋をした大巻は、朋輩から嫌味をいわれるのを避けるように品川に住み替えてしまう。楼を移ってしまってからは「あれ程仲のよかった彼女」からの連絡が途絶えた。もう会えないというさみしさと、親しかった森にも本心を明さないまま去って行ってしまった大巻への静かな憤りが、森にこのエッセーを書かせたようにも思える。それでも、「今大阪の遊廓にいると風のたよりで聞いている」(一三四頁)という締めくくりの一文は、大巻が自らいっていたとおりにさまざまな土地で生き抜いているのを、まるで喜んでいるようですらある。

「恋」を描くこと

森自身の恋愛観や結婚イメージが書き込まれているのもひとつの特徴である。

たとえば、「何が彼をそうさせたか」では、森の恋愛観が客との対話のなかで浮かび上がる。大学生の松澤に、女は将来を考えて経済的に裕福な方へ行くのだろう、といわれたことに反論して、森は「恋人同志が無一物でお互に苦労して苦労をしぬいてきづき上げた生活こそ、それがほんとうの生がいのある生活だと思いますわ。で、妾は変っているかもしれませんけれど、精神的に満足を得られる結婚ができなければ結婚なんかしない方がましだと思ってますわ……妾は誰がなんといっても、自分の思う様に進みますわ。そういうあなたこそ、金持なんでしょう。そして大学へ行っていて。あなたなんか妾の気持がわかりっこないわ」(四一、四二頁)と答えている。

ここで描かれる結婚観が、森が長金花にいた当時から持っていたものか、執筆時である一九二七(昭和二)年(ちょうど森が結婚をした年でもある)のものかはわからないが、読み手に表現したい自己イメージであることはまちがいないだろう。

ここでは森自身の台詞として描かれているが、前節でふれた「廓の恋の悲哀」のなかでは、大巻の恋をめぐるエピソードでほとんど同じような恋愛観が大巻の言葉のなかで示されている。肺の病で亡くなった初恋の相手に生き写しの客に入れあげた大巻は、「妾ね、こう思うの、物質にとらわれているようじゃその人に対してほんとの恋は得られないと思うの」（一三二頁）といい、それまでの「安い客は取らない」という主張を曲げて、毎晩のように手紙を書き、その客が登楼するたびに手渡すようになる。

どうして、そこまで森は恋愛や恋をする娼妓の姿を肯定的に描くのだろうか。ひとつの答えは、大巻から恋の話をきいた晩についての森のモノローグのなかにある。

> 忘れもしない去年の二月十四日、嵐の様な強い風の吹いていた夜だった。私は彼女の部屋で彼女の初恋の話を聞いた……そうした話をすると、きかない気の彼女も常の元気に似合わず沈みがちになるのだった。
>
> 彼女と私はこの時初めて、こうした社会から全然かけはなれた気持になってしみじみ話し合った（一二四、一二五頁――傍点強調引用者）。

森は『婦女界』（一九二六年七月号）に発表した手記のなかで、遊廓での生活について「人間のする事でなく、ちくしょうにもおとった生活」[*26] と書いている。その遊廓からはじめて「かけはなれた気持ち」になったのが、大巻の初恋の話をきいた晩である。つまり、森にとって恋愛について語ることは、日々削られている「人間性」を取り戻すような行為としてある。たとえ自由のない遊廓のなかにいても、恋愛について語り、実際に恋のために生きる、そんな女性たちの精神の自由を森は肯定的に描くのである。

一方で、娼妓を「堕落した」「身持ちの悪い」女性と見なすような社会的な視線を森が常に意識していることもまちがいない。「新駒花魁の逃亡」では、娼妓三人と下新（妓楼から送られる娼妓の付き人）で外に芝居を見に行くというシチュエーションもあり、外部からの視線を非常に気にする森の自身の様子が描かれている。

皆んなそろって束髪で気持はいいが、下新がいるために、やっぱり吉原の花魁だという眼で町の人に見られやしないかと思うと又さすがに腹立たしくなった。（三頁）

「町へ行ったら決して妓名など呼びっこなしね、煙草も人ごみの中ではお互に我慢しッこよ」なぞと約束して家を出たのだった。（六頁）

き色いお愛想のいい女の声を耳にしながら私達は二階へ上った。そこにはちょうどいい事

＊26　森光子「廓を脱出して白蓮夫人に救わるるまで」第三四巻第一号、『婦女界』一九二六年七月、一七〇頁。

に他の客は一人もいなかったのでホッとした。（八頁）

普段とはちがう束髪にしているのに下新がいるせいで花魁と気づかれるのではないかと腹立たしい気持ちになったり、妓名を呼びあうことを避けたり、煙草を我慢したり、ほかの客がいないことにほっとしたりする、という描写からは、娼妓であるということの「負い目」のような感覚を読み取ることができる。序で、「浅ましい稼業」「遊女生活の惨めさ」「不幸な私達姉妹」「臆面もなく」「恥さらし」「この賤しい、無力な、遊女上がり」と否定的な言葉を並べていたように、森にとって娼妓であることは、「最も賤しい稼業」（一一五頁）なのである。

だからこそ、そのようななかにいても、一途な恋の記憶や、将来の出会いに期待する女性たちの姿は、森にとって執筆の上で重要なモチーフになるのだろう。恋について語ることをとおして、娼妓である（あった）というスティグマを離れて、普通の若い女性たちと共通するような経験に光をあてることができる。ちょうど大巻と恋の話をした晩のように。

たすけあう娼妓たち

前述の松島花魁のようにだれからもうとんじられる花魁がいたり、日常的にお互いの稼ぎや客を監視しあうような要素はありつつも、森が常に感動しつつ描くのは女性たちの優しさとたすけあいである。

たとえば、女性たちは日常的に色々なものを分けあっている。それは、まず文字通り物質的なもののシェアという形で描かれる。「四時のご飯の時、山崎さんから頂いた玉子を朋輩達みんなで分けて食べたら、十五の玉子が一つ残った」（一五六頁）。前述の「吉原一の花魁」の力弥は、客の洋服から財布を抜きだして森に三円渡すと「花がけでも何でもお買い。借金なしなんかする事はないよ。廓の商売人なんかみんな悪銭を取って儲ているんだから返す事はないよ」（一九六頁）とまるで自分のお金のように気前よく客のお金を配るのだ。

もっとも多くたすけあいの場面が描かれるのは、吉原病院入院中のエピソードである。「娼妓の出世」には、森がそこで出会った千住遊廓の千鳥という娼妓が登場する。吉原の花魁たちが千住遊廓の娼妓のことを「宿場女郎」と一段低く見ているということに反感をいだく森は、千鳥と積極的に親しくする。もう病院の外に出ることを半ば諦めているという千鳥が森に言葉を託す印象的なシーンが描写される。

千鳥は、もしこのまま死んだら吉原梅吉楼の都と梅龍にお礼を伝えてほしいと森にいう。脚気で医者もろくに診てくれないなか、二ヶ月も二人が小豆煮やそば粉をこっそり食べさせ、小遣い銭も差し入れてくれてたすかったという。「妾、一生忘れないの。都さんに、梅龍さんをね。死んでも忘れないわ。妾は、もうしゃばに出られないと諦めているの」（二一五頁）という千鳥に対して森はうまくなぐさめの言葉を返すことができない。「あんたばかりが不仕合せじゃないんですもの。みんな、誰もかも、ここにいる人たちは不運なんですからね……」（二一五、二一六頁）という場面でエッセーは終わる。森は、「私はあらゆる努力をしても、それだけしかいうことができなかった」（二一六頁）と自らの無力さを責めるように書いているが、たとえ「不十分」

と感じていても、そのような言葉をかけあうことが、過酷な環境を生き抜くためにきわめて重要だったということを感じさせる一場面である。

長編エッセーである「吉原病院」では、女性たちの相互のたすけあいがより具体的にはっきりと描かれている。

> 室へ帰ると、又、千代駒さんの所と澤田さんの所から手紙が来ていた。患者達はどうしてこう親切なのだろう。同病相憐れむとはよくいったものだ。楼から面会に来て見舞品をもらうと決して一人では食べない。室中のみんなに分けてやる。そしてお互に病気の事を心配し合い、お互の涙をお互が拭い合うとするのだ。他の人の傷口を見てやって、自分のもののように心配している所などを見ると、私は独りでに涙ぐむ。（二四五頁）

心配しあい、お互いに涙をぬぐう女性たちを見て涙ぐむという描写からは、きわめて高い共感能力を持った書き手としての森の姿が伝わってくるのと同時に、遊廓のなかの病院という二重の囲いのなかにいる女性たちの生き抜くための実践が読み取れる。増えていく借金や治らない病気への絶望、手術への不安などをかかえた女性たちは言葉を交わしあい、自分たちの境遇を哀れむ歌を毎日のように歌うことをとおして、お互いに力づけあっている。

花魁たちはまた『病院の唄』を唄い出した。

彼女達は毎日——日に幾度も——この唄を合唱する。一日として欠かした事はない。病院の患者でこの歌を知らないものはない位だ。泣いて唄い、唄っては泣く、それは彼女らの日課なのだ。

人も知ったる吉原の
　所は仲の町病院で
両親揃うておりながら
　お側で看病はできぬとは
みなさん妾のふりを見て
　憐《あわれ》や不憫と思召せ
よもやこんなになろうとは
　夢更妾は知らなんだ
いつの検査に出てみても
　退院する日は更にない
無理のお上のお規則で
　病院住いは情ない
長い廊下も血の涙
　こうして暮すも親のため

山中育ちの妾でも
病院の南京飯食べ厭きた
ここで妾が死んだなら
両親様は嘆くだろう（二七九―二八〇頁）

歌のなかで、女性たちは面会も自由に許されない病院の不自由な状況を嘆き、不人情なご内所（楼主のこと）への恨み言を吐き、親のためにこのような境遇に陥っている自分自身を哀れむ。その根底に響くのは、そのような不条理を許している社会への憤りである。森は「彼女ら」と少し距離をおいて書いているが、おそらく森もまたその歌に涙し、ともに歌うという行為に慰められたのだろう。吉原病院生活の悲哀を歌う、その「吉原病院の歌」の歌詞は、『婦人公論』（一九二六年一一月号）に掲載された最初の原稿には載っていなかったものである。雑誌掲載時には文字数の関係もあったのかもしれないが、この歌の歌詞もまた森が『春駒日記』を出版する際に書き留めておきたかったものであろう。譜面があるわけでもなく、録音があるわけでもない歌は、森が記録したことによって、その歌詞だけは現在の時間に伝わった。悲惨な境遇を歌うことで、言葉を響かせあうことで、生き抜こうとする女性たちの姿は、森がこの作品でもっとも描きたかったもののひとつであると感じる。

おわりに——語りによる生きなおしの時間、あるいは託された物語を紡ぐこと

森光子の足跡を史料のなかにたどり、二作目の『春駒日記』で森が描きだした世界がどのようなものであったのかを見てきた。

あらためて思うのは、これまでこの作品を取り上げた研究がなかった理由は、そもそもこの作品の意味を読み取る視点が存在していなかったからなのではないかということである。見てきたように、同書で森が描く世界は、残酷な楼主に苦しめられる娼妓、悪魔のような客、足を引っ張りあう花魁という一面的な遊廓のイメージではとらえきれない広がりがある。その広がりこそが本来当事者にとっての経験といえるものだろうが、研究者の視点はそれを切り縮めるようなものとしてあったのではないか。かつて山崎朋子が「悲惨な境遇の報告とそれに対する研究者の同情のみが強調されて、彼女らの〈人間的価値〉についてはまったく切り捨てられていた」[*27]と批判的に書いたように。

森は、一作目の『光明に芽ぐむ日』の執筆時を回想して、新聞につぎのように書いている。

あの爽かな秋にただ一人ぽつねんと終日庭のざくろの美しい輝きに見惚れて、朋輩達に電

*27　山崎朋子『サンダカン八番娼館——底辺女性史・序章』筑摩書房、一九七二年、二五五頁。

話でもかけてみたい様な気持になったりしたこともありました……ひんやりした夜気に包まれた町を流す新内の爪びきに聞き惚れて、そっと二人で抱き合って添寝した千代駒さんの青白い頬が、涙でぬれていたのもやはり秋だった。こんなことも思い出されて、淋しくなったりもしました。*28

つまり、遊廓という空間は、森にとって地獄のような日々の記憶をとりまく場でもあるけれど、同時に朋輩への愛着や交流の喜びもつまった一〇代の終わりから二〇代へと過ごした日常の風景でもある。みつめることは苦痛に満ちていても、経験を自分の言葉で整理しながら語りなおすことは、圧倒的な暴力のなかでいったん奪われた時間を、自分自身の時間として再び生きなおすことになる。ときには仲のよかった客と歌った賛美歌を思いだし、二度と会うことのない大巻のすてきな笑顔を懐かしく思い、力弥の豪快な台詞に溜飲を下げ、松島花魁の憎たらしい顔に毒を吐く――森にとって「書くこと」は、そんなたどりなおしの経験だったのではないか。

とはいえ、語ることが常に「無垢な犠牲者」／「堕落した醜業婦」という二極化した娼妓イメージにそってほとんど強制的に振り分けられてしまう社会的なバイアスのもとで、遊廓の経験を描くのはきわめて難しかったであろうことも想像に難くない。その意味で、森だけでなく娼妓は自らの経験を（特に喜びに関しては）語ることを「禁じられた」存在であるといえる。だからこそ森は注意深く、客や朋輩から伝えきいた（託された）物語を語る、という形で、語り手である森自身の「生」や「喜び」を密かに表現した。森が好意を寄せる力弥や大巻は、わたしたちはもっと自由だと、無力ではない、そして強く、美しいのだ、と静かに語っているようだ。それは、徹底して奪われているからこそ、それでもなお奪われないものがある、という悲痛な叫びのようでもある。あるいは、そのようなたくさんの魅力的な女性たちの物語が重なりあう地点に、かつて生きた森自身の姿を描きだすことが、森の目的であったのかもしれない。

しかし、同時代的には、森の〈声〉は遊廓の告発という一面的な部分しかきかれることがなかった。『光明に芽ぐむ日』の残酷なエピソードは廃娼運動家や知識人たちに公娼制度批判という文脈のなかで取り上げられたが、『春駒日記』で描かれるさまざまな女性たちの姿に光があてられることはなかった。そのことが、優れた書き手としての森の可能性を閉ざしてしまったように思えてならない。遊廓の改善という世論が静まり、娼妓たちの「闘争」の時代が過ぎ去ったあと、もはや「元娼妓」である森に関心が集まることはなかった。

今回は『春駒日記』に焦点をあてたはじめての本格的な研究ということで、全編を取り上げて論じるという形になったが、同書のなかには、遊廓病院における女性たちの日常を描く長編の「吉原病院」や、その吉原病院で出会った娼妓との対話にふれた「娼妓の出世」など、作品批評の対象としての奥行きを持つ作品も多い。また、巻末に掲載された千代駒の手紙も、『光明に芽ぐむ日』という当事者の手による告発の本が、どのように遊廓のなかの女性たちに受け止められたのか描くきわめて興味深いものである。かつて『遊女物語』や『千束町より』において客から

＊28　森光子「『光明に芽ぐむ日』遊女の生活記録を著して（下）」『読売新聞』一九二六年一二月二〇日。

の手紙（艶聞集）が掲載されたことを思えば、『春駒日記』での朋輩の手紙の紹介は、女性同士のつながりが前景化しているという点で、大きな時代の変化を感じさせる。今後の研究の展開に期待したい。

第三部　響きあう〈声〉

第七章　共鳴する言葉

娼婦から娼婦たちへ

言葉は発せられた。耳を傾けてくれるのは誰だろうか？[*1]
——フレデリック・デラコステ

人生の一時期、あるいは長い期間にわたって売春に携った女性たちは、どのようにして自分たちの経験や感情を表現してきたのだろうか。語ることが堕落や悲劇の物語として一方的に解釈さ

＊1　フレデリック・デラコステ、プリシラ・アレキサンダー編『セックス・ワーク——性産業に携わる女性たちの声』山中登美子ほか訳、パンドラ、一九九三年、一七頁。

れ、スティグマを付与されてしまう状況のなかで、どのように言葉を探ってきたのだろうか。

それは女性史研究にかかわるなかで、わたしが長い間かかえ続けてきた問いである。遊廓の研究をはじめたころ、最初の入り口となったのはいわゆる哀史的な歴史叙述だったが、遊廓のなかの女性たちの生を「いかにもがいてもその境遇から脱することができず、生涯を悲惨のうちにおわっている」*2、「後悔したときは時おそく、二度と通常社会に戻れない」*3とする定式化された語りにふれるたびに疑問は深まるばかりだった。というのも、そのように切り取られた断片的なイメージでは、娼妓たちの遊廓のなかの生活も、廃業したあとどこに行き、どのように生きるのかも、見えてこなかったからである。そこには生きている人間としての娼妓の息づかいはあまり感じられなかった。

研究をすすめるなかで、それまでほとんど存在しないとされていた遊廓のなかの当事者による「記録」が一定数存在するということがわかってきた。存在しない、というのは研究者の側に、当事者の多様な〈声〉を評価する視点がないという問題だった。第二部で見たように一九一三（大正二）年から一九二〇年代後半にかけて、遊廓や浅草の私娼街での経験を当事者の視点から書き綴った記録や小説が発表されている。当初は「高女卒業の身を以て苦海に淪落し現に都下の○○楼に存りて悲痛の涙に咽《むせ》ぶ」*4、「闇に夜の花と咲き出でて、臙脂粉黛《えんじふんたい》の装い妖艶に五尺の男子を悩殺しつつあり」*5といったステレオタイプな娼婦像に依拠した広告をとおして販売されたが、遊廓の改善が社会的な関心を集める一九二〇年代に入ると広告にも「搾取」や「無産階級」といった表現が目立つようになった。しかし、労働運動が徹底して弾圧された一九三〇年代をへて、性風俗産業自体が不謹慎とされる総力戦体制に入るころには、娼婦たちの作品はほぼ完全に社会から忘れ去られた。

最初は、わたしも娼婦たちによる作品をどう読んでいいのかわからなかった。女性史研究でそれまでふれてきた、遊廓や売春についての過酷な状況を伝える証言に比べると、のどかな日常が描かれていたり、ときに不真面目とすら思えるようなことも多く書かれたりしていたからである。しかし、何回も読み返すうちに気がついた。これは二〇代前半の女性たちが自分たちの日常(外部からは偏見を持ってとらえられる)を、精一杯綴ったものであると。そこに描かれていたのはかの女たちの生きた生活そのものだった。

そう気がついてからは作品を読みなおすたびに発見があった。作品に響く女性たちの〈声〉には、重なりあい、響きあう地点があり、ときには直接的なつながりすら存在した。ここでは、そのような当事者による作品のなかに描かれた経験と、その言葉が同じ状況を生きる女性たちに与えた影響についての概観を試みる。なお、本章では、遊廓のなかの女性たちだけでなく、より広く売春に携った女性たちの言葉も見ていくため、公娼制度下で鑑札を受けて働く女性のことを指す「娼妓」ではなく、「娼婦」という言葉を用いる。

＊2　村上信彦『明治女性史　下巻』理論社、一九七二年、八頁。
＊3　同前、二八頁。
＊4　『都新聞』一九一三年一月二七日掲載『遊女物語』広告。
＊5　『朝日新聞』一九一三年七月一四日掲載『千束町より』広告。

Ⅰ　浅草十二階下の青春

村崎静子『千束町より』（鹿野書店ほか、一九一三年）は、鑑札を持たないで働く娼婦（私娼）によって書かれた、おそらく近代に入ってはじめての出版物である。第四章で見た内藤新宿遊廓で働く和田芳子による『遊女物語』の刊行と、その商業的な成功以降の娼婦名義の出版の流行のなかで、一九一三年の七月に刊行された。『遊女物語』が高瀬敏徳という編集者の手によって世に出たように、村崎の日記に注目して出版までの話をすすめたのは、本のなかには後藤という仮名で登場する早稲田大学の学生であるという。*6

浅草十二階下の銘酒屋の一室で、村崎は客から借りた樋口一葉の全集を読んだときの印象を、つぎのように書いている。

『一葉全集』の一番はじめにある、私達とおなじ身の上の女のことをかいた、『にごり江《え》』というのは身につまされて、読んでゆくうちにも涙ぐむようなところがあった。

ああ、『菊の井のお力』のような女も、このひろい千束にもいることであろうか。そうした人々の身の上は闇から闇へ葬られて、誰れの口、誰れの筆に上ることもなければ、一ように、色の奴をとってその生き血をしぼる白鬼《びゃっき》とさげすまれて人間並の扱いをされないのであ

る。（『千束町より』、八九頁）

一葉は、それまで文学のなかで「白鬼」や「船虫」といった負の記号で抽象化され、非人間的な存在として描かれてきた娼婦像に対して、繊細な傷つきやすい内面を持った新たな娼婦像を造形したという。[*7] ここで村崎は一葉の描くお力に、浅草十二階下で生きる自らの生を重ねあわせている。よく見ないと見落としてしまいそうになるが、村崎は物語のなかの娼婦への共感を描くことで、売春をして生きる女性が蔑視される状況を批判し、そしてなによりも「さげすまれ人間並の扱いをされない」日常を生き続けなければいけない自分自身の生を肯定しようとしているのである。

同書によると村崎は、とある南国の港町で生まれ、「朝凪夕凪のうちにねむる紫色の海をながめながら、その上をすべって港に出入りする汽船によって知りえた都会生活の華やかさに思いを馳せ」（四頁）る思春期を過ごした。高等女学校を卒業し、二一歳のときに商家の息子と結婚して郷里を離れるが、やがて夫が借金をつくり、逃げるように上京する。そこでも仕事が長続きしない夫に半ば強いられるように、当時全盛をきわめていた浅草十二階の下に広がる私娼街の小さ

＊6　「東都魔窟大探検記」『うきよ』第七号、一九一三年九月、四四、四五頁。
＊7　木村洋「「社会の罪」の探索——徳富蘇峰、森田思軒、樋口一葉」『日本近代文学』第九七集、二〇一七年、八、九頁参照。

な銘酒屋に働きはじめた。[*8] 村崎の記述では銘酒屋からの前借金は五〇円ということだが、それは吉原や飛田といった政府公認の遊廓で暮らす娼妓（公娼）たちの借金額に比べればはるかに少なく、外出時に店の見張りがつかない点や、そもそも娼妓取締規則による居住地の制限などを受けない点では、常に取締りの危険があるにしても、比較的拘束の少ない環境で働いていたと考えられる。

芥川龍之介は当時の浅草十二階下の光景を「たといデカダンスの詩人だったとしても、僕は決してこういう町裏を徘徊する気にはならなかったであろう」[*9] と回想しているが、村崎の描写する千束町の情景はおだやかな下町風情を感じさせる。

　このあたりには珍らしいたそがれ時の薄靄《うすもや》が、細い新道の間を流れると、軒燈《けんとう》はにぶい光りを往き来の人に浴せかける。帰りおくれた豆腐屋が、喇叭も吹かずに、荷をギシギシさせながら急いで通った。（四一頁）

銘酒屋でともに生活をするのは、村崎のことを姉ちゃんと慕う一七歳のお仙や、鐘ヶ淵紡績の女工から流れついた俊といった朋輩たちである。本を執筆するまでに村崎が千束町で過ごした期間はおそらく一年にもみたないが、描きだされる人間関係のコミュニティは豊かなものである。

しかし、それとは対照的に外の人びとの視線はきわめて冷たい。「女の品評に余念なげの学生連れや、侮蔑の眼冷ややかに私達をみつめる令嬢達の間にはさまって、私は逐われるように連れに先立って表へ出た」（三二頁）、「検査場へ来る途すがらも、朝帰りらしい職人達に、『ありゃ淫売だ』といわれた。そして私達は顔見合せて、淋しい笑をもらしたのであった」（九七頁）。そこでは、「わたし」の疎外感や孤独を共有できるのは、同じように不当な暴力を受ける「わたしたち」だけなのである。

『女學世界』の毎ページには、もう家庭を持った女や、これから家庭を持とうとする女のために書かれた、明るい望みにみちたことばかりであった。私もかつては、あの光明で一杯になっている記事を読んで美しい理想のあとを追っていたのであったが、いまとなっては、それらの事柄がまるで憎らしい夢のように、またほんとらしい嘘のように思えて、そのはては、そうした記事を見ても、少しも心にひびかないのを、口惜しくおもうばかり。ああ、どうして私はこのように、自分の心をひねくれさしてしまったのだろう。（一五七、一五八頁）

雑誌のなかに描かれた世界が欺瞞的であり、自らが生きた現実とかけ離れているということに半ば気づきつつも、村崎は「ひねくれてしまった」と自らの感性を責める。ここで表明されてい

＊8　当時の浅草千束町における私娼の状況については、寺澤優『戦前日本の私娼・性風俗産業と大衆社会――売買春・恋愛の近現代史』有志舎、二〇二二年、五六―九三頁を参照。
＊9　芥川龍之介「大東京繁昌記（五三）本所両国（八）」『東京日日新聞』一九二七年五月一四日（夕刊）。

るのは、雑誌が伝える現実に自分たちの生が含まれていないという孤独感であろう。どこにも売春をして生きている自分たちに対する肯定的なメッセージがないからこそ、村崎は一葉の描く娼婦像に自らを重ねあわせたのである。

娼婦として生きる女性が、本や雑誌をとおして異なる場所に生きる娼婦たちの言葉や行動に日常的にふれることができるようになるのは、一九二〇年代に入ってからである。

2 響きはじめるさまざまな声

吉原遊廓の長金花で働いていた森光子はある日の楼内の光景をつぎのように回想する。

××楼の花魁が、自由廃業したということが新聞に出ていた。花魁達は今日一日その話で持ち切りだった。

「本当に、自由廃業なんて、できるのかしら……」

「そりゃできるじゃないの、チャンとこうやったって出ているじゃないの?」

「でも、よっぽどじゃないとできないわ。もし途中で見つかりでもしたら、それこそ大変だから……」

誰でも、この話になると真剣だ

……人が生きんとする身も心も奪い去る社会――耐え忍べることか……。それでも止むに止まれない我が勇しい女性は、ただ生きようと日夜心している。だから、そんな話でも出ると、怖さに慄いてはいるが、自然と自身がその方に引き込まれて行く。

その時の彼女等の憧れ！　なんと輝いていることよ！[*10]

娼妓たちは新聞記事によって、ほかの妓楼で働く娼妓の自由廃業を知り、熱心に言葉を交わしていたという。第五章に見たように、通信、輸送機関や印刷技術の発展を背景にして、一九二〇年代には新聞各紙は急速に発行部数を増やした。記者や編集者の視線というフィルターをとおしたものであっても、娼婦たちの声や行動が全国各地の遊廓や私娼街にリアルタイムで届けられるようになったのである。とくに一九二六（大正一五）年という一年を考えるとき、その情報が伝えられる速度はきわめて重要な意味を持っていた。

自由廃業をめぐる新聞記事に惹きつけられる娼妓たちの様子を共感的に描いた森は、一九二六年四月二六日に通院するという口実で妓楼から脱走し、歌人の柳原白蓮のもとに身を寄せた。すでに第六章で見たように、森の逃走劇は翌日の『東京朝日新聞』でセンセーショナルに報じられ、続いて四月三〇日には、松村義一警保局長が五月の全国警察部長会議に重要案件として公娼制度の廃止を提起するという記事が、「（娼妓たちの置かれている境遇は）母としての立場から同情

＊10　森光子『光明に芽ぐむ日――初見世から脱出まで』文化生活研究会、一九二六年、三一八、三二〇頁。

にたえぬ」[11]という松村の妻の談話とともに掲載された。

六月に入って警察による楼主の不正の告発や営業停止処分を新聞が報じはじめると、娼妓や芸妓の集団逃走や警察への告発が全国各地で相次いだ。[12]『弘前新聞』は、遠く離れた富山羽衣遊廓における娼妓解放を喜ぶ匿名娼妓の「私共同境遇の人達に取って我が事の様に嬉しく感じられます」[13]という投書を掲載し、八月に広島で娼妓の集団逃走事件が起きると、東京の『二六新報』が、廃業を求めて上京した娼妓たちの足取りを「広島の娼妓、警視庁へ駈け込み自廃を願い出ず残虐な待遇に泣いて五人一緒に上京」[14]と報じた。そこでは活字メディアによって伝えられる娼妓や芸妓たちの直接行動が、ほかの土地に生きる女性たちへの強いメッセージとなったのである。

森は労働運動家である岩内善作の支援によって自由廃業して以降、精力的に文章を発表した。一九二六年七月には雑誌『婦女界』に逃走までの顛末を書いた手記を寄稿し、同年末には文化生活研究会から『光明に芽ぐむ日——初見世から脱出まで』、翌年には『春駒日記』を刊行している。廃娼世論の高まりのなかで森の記録は、遊廓の過酷な状況を伝える当事者の証言として大きく取り上げられた。活字メディアの扱いも、かつて「何とかいう女郎が日記のようなものを発表して以来、売笑婦達が書物を出版すること、近来の流行となれり」[15]と娼婦による作品出版の流行を侮蔑的に論じた一九一三年とは大きく変化していた。『読売新聞』は一面に大きく安部磯雄の批評を付した『光明に芽ぐむ日』の広告を掲載し、「読書界出版界」という欄で、森自身による作品解説を三日にわたって掲載した。

初めのうちは、彼女らのため世の無智な親達や世の人々のためめに書くだなぞと、異状な興奮をもって書き続けました……爽かな秋にただ一人ぽつねんと終日庭のざくろの美しい輝きに見惚れて、朋輩達に電話でもかけてみたい様な気持になったりしたこともありました……それやこれやで、この私の可愛い可愛い子は難産だったのです。書き上げてから、かなりの日がたちましたが、中々世には出ませんでした。ほんとうに待ちくたびれた位です。でもこの頃になってようやくうぶ声を聴くことができました。一刻も早く抱き上げたいような気持ちにかられて、わがいとしき児を世に送るの言葉をここに綴ってみました。[*16]

そんな森の言葉を、もっとも共感的に、アクチュアルなものとして受け止めたのは、かつての森と同じ状況を生きる女性たちであった。第五章でふれたように名古屋中村遊廓の徳栄楼で働いていた松村喬子は、『婦女界』に森の告白記事が出たという話をきき、「親に頼んで、そこだけ切

*11 『東京朝日新聞』一九二六年四月三〇日。
*12 詳しくは、山家悠平『遊廓のストライキ——女性たちの二十世紀・序説』共和国、二〇一五年、一〇七—一七一頁参照。
*13 『弘前新聞』一九二六年七月三〇日。
*14 『二六新報』一九二六年八月五日。
*15 『読売新聞』一九一三年八月一三日。
*16 森光子「『光明に芽ぐむ日』遊女の生活記録を著して（下）」『読売新聞』一九二六年一二月二〇日。

り取り、化粧品の箱の中に、効能書のようにねじ込んで送って貰ったのを、貪り読んで、外の娼妓等にも話して聞かせ」[17]るのである。

図15 『婦女新聞』1928年1月22日から。

3 自らの生をとりもどすために

松村喬子は、『名古屋新聞』（一九二六年九月一三日）によると一九〇〇（明治三三年）年ごろに生まれ、母親の病気が理由で難波新地[18]で働きはじめた。第五章で詳しく見たように、高等女学校二年まで通っていたため本を読むことが好きで、遊廓でも「こっそり婦人公論とか改造とかを読んで」[19]いたという。更なる借金が必要になり一九二四（大正一三）年一二月に名古屋の中村遊廓徳栄楼に鞍替えするが、人気娼妓であるにもかかわらず、なかなか借金が減っていかない状況に疑問を抱き、一九二六年九月、朋輩三名と脱走、森光子の廃業を支援した岩内善作の協力により廃業した。その後、岩内の勧めもあって積極的に労働運動にかかわるようになり、おもに一九二〇年代末から一九三〇年代初頭にかけて、無産婦人運動や婦選運動の現場で注目を集めた（**図15**）。

松村が社会的に知られるようになった、ひとつの大きなきっかけは、『女人芸術』への連載小説「地獄の反逆者」の寄稿である。堺真柄や織本（帯刀）貞代の参加など、当時急速にプロレタリア文芸誌の色彩を強めつつあった同誌において、元娼妓という異色の経歴を持つ松村は、八木秋子の「実際の体験の上にたって公娼廃止の叫びをあげたら、百千の議論よりも力強いことであろう」[20]という見解にあるように、非常に期待された書き手だった。

しかし、松村の作品のなかで重点が置かれていたのは「公娼廃止の叫び」というより、むしろ遊廓のなかで松村が経験したできごとや朋輩たちの描写だった。それは第六章で見た森光子の『春駒日記』とも重なるところが多い。一方で「私」という一人称を用いて遊廓の生活を描いた森に対して、松村は、自らの経験を土台にしながらも、「歌子」という主人公を中心にした娼妓たちの群像劇として「地獄の反逆者」という作品を書いている。[21]

物語は、病弱で楼主に疎まれている、かるたという娼妓に歌子が共感するところからはじまり、かるたの廃業の失敗と奈良の木辻遊廓への鞍替えに絶望した歌子が、新高《にいたか》、小波《こなみ》、川柳《せんりゅう》という三名とともに脱走するまでを描いている。[22]作品で描かれる時期は、一九二五（大正一四）年の

＊17 『婦女新聞』一九二八年一月二二日。
＊18 難波遊廓（新地）は一九一二年一月一六日のいわゆる「南の大火」で焼失し、移転しているため松村が働いていた遊廓が実際にどこであったのかは不明である。ただし難波新地という名称は大火以降も存続しており、「地獄の反逆者」にも歌子と朋輩の新高の接点として「南地」という地名が出てくるので（難波新地は南地五花街に含まれる）、そこで営業していた妓楼で働いていた可能性もある。
＊19 『婦女新聞』一九二八年一月二二日。
＊20 八木秋子「編集後記」『女人芸術』一九二九年四月号、一五六頁。
＊21 「地獄の反逆者」について詳しくは、山家悠平「遊廓に生きるたくましい女たち――松村喬子「地獄の反逆者」（一九二九）とアクチュアリティ」『京都芸術大学紀要 Genesis』第二二号、二〇一七年参照。

はじめごろから松村が脱走した一九二六年九月までであり、それはちょうど全国の遊廓で娼妓や芸妓たちが告発やストライキといった行動を起こした時期と重なっている。娼妓たちの軽妙な会話を中心に物語は進展する。つぎの場面は、歌子に内緒で逃走するが失敗して遊廓に連れ戻されてしまった朋輩の川柳、新高（文中は高奴）と歌子の会話である。


「非常線なんて、蜘蛛の巣と一緒だネ」

歌子が、話を聞いてそんな事を云ったら、すぐ川柳が聞き返した。

「なんでやネー、蜘蛛の巣とは？」

「だって、あんなものには大きなものはかからないのだもの、クモの巣だって、そうでしょう。大きな鳥や蝙蝠は、一つだって懸りはしないわ、破れて切れてしまうのだもの。たまに木の葉の様なものか、蚊だとか蝿位なものしか蜘蛛の巣に懸かっているのはみた事がないわ。それと一しょで、大物は金の力で自由にしているし、大犯人は、懸らずに、小さい、コソ泥位が非常線には、関の山よ」

高奴は、如何にもと云った顔していた。

「ホンナラあたし等はコソドロか？」

川柳の声は頓狂な声で響いた。

「辛いから他へ住替させてくれと云ってもやってくれないし、それなら、も少し楽になる様にしてくれと云っても、やってくれないのだから、警察へ出て、真面目な商売をして、たとえ少しづつでも、借金は入れると云っても、それも許さないから、逃げる外なくて逃げたんだわ。それで借金はどうかして払いたいと思っていると云っても許されないのだもの」

歌子はまるで自分自身の事の様に憤慨した。

「ほんとうやナ」

二人共溜め息をついた。[*23]

逃走に失敗してもあきらめるどころか、川柳と新高は「自暴自棄の誰にも恐れない、どうなと勝手にしやあがれと云う態度」[*24]をとるようになり、説教をする楼主に対しても「二人共、涼しい顔をしている、そして、あべこべに、口返答をする」[*25]という。そのように物語のなかでひときわ強く響くのは、過酷な状況に抗するたくましい女性たちの声である。

もうひとつ松村が「地獄の反逆者」のなかではっきりと描いたのは、朋輩や恋人と過ごす時間に喜びを感じる歌子の姿である。連載第二回目では、歌子が帝大生の水谷という客を連れて、か

＊22 娼妓かるたが警察署に駆け込んで休業を訴えたのは、実際のできごとであり、かるたの行動がきっかけになって松村が働いていた徳栄楼は三ヶ月の営業停止処分を受けている（「白粉地獄から警察へ泣き込んだ病身の娼妓はなやかな紅灯の影にこの哀話」『新愛知』一九二六年四月一〇日）。
＊23 松村喬子「地獄の反逆者＝人生記録＝」（連載第五回）『女人芸術』一九二九年八月号、一二〇頁。
＊24 同前、一二〇頁。
＊25 同前、一二一頁。

るたの部屋に見舞いに訪れる場面が描かれる。

歌子は立ち上がって、普通の客に出すゆかたでない、水谷にと思って拵しらえておいた浴衣を箪笥から出した。すなおに立って、服をぬいだ水谷の、若々しい運動に鍛えられた丈夫そうな体の後から、ゆかたを着せかけた。

「一寸帰りにかるたさんを見舞ってやりましょうねー」

水谷は返事の代りに、一つ大きくうなづいた。彼としては勇気を出して一生懸命でかるたの室へ入った。*26

ここで描かれているように歌子が水谷に対して示す愛着は特別なものである。松村は歌子の心境を、「歌子は水谷に逢ってる時だけ娼妓対客としての感じが少しも起こらなかった、それが一番嬉しいことであった」*27、「他のどの男より一等好きであった……無邪気なこの青年は歌子の一番可愛い青年でなければならなかった」*28とまで書いている。

象徴的なのは、この水谷が登場する場面で歌子の本名として描かれる「洋子」という名前である。それは実際には松村が遊廓で働いていたときの源氏名である。連載のなかで、水谷が登場するのはそのときだけであり、歌子はこの場面でのみ「洋ちゃん」と呼ばれる。ここでは小説の書き手としての松村と、描きだされるキャラクターである歌子が、実際に遊廓のなかに生きた「洋子」という名前によって一瞬だけつながれている。

松村がどれだけの時間を大阪と名古屋の遊廓で過ごしたのか正確な記録はないが、仮に娼妓として登録可能な一八歳から逃走した二〇代後半まで働いていたと考えると、一般的に青春といわれる時期のほとんどを過ごしていたことになる。たとえ社会的には否定すべき経験として考えられている、遊廓で過ごした時間も、歌子にとって、「洋子」にとって、かけがえのない時間なのである。そういった生きた人間としての歌子の姿が、「地獄の反逆者」には当事者の立場から深い愛情とともに書き込まれている。

あるいは、松村にとって、ごくあたりまえに喜びや悲しみを感じる人間として娼妓の姿を描きだすことは、売春をして生きた女性を、一方的に不幸と決めつける視線へのひそかな抵抗であったのかもしれない。廃業から時間が過ぎていても、「娼妓の生活を送って逃れてきただけに、永い苦しみの影が顔にうかんでいた」[*29]、「その血色の悪さに、虐げられた過去の生活が偲ばれた」[*30]と、松村を見る人びとは、常にその表情に不幸の影を見出そうとする。そのように売春をして生きた女性を「哀れな犠牲者」と見る視線に対して、松村が作品をとおして提示するのは、遊廓という過酷な環境にあっても、ときには水谷と過ごす時間を心待ちにし、ときには無邪気に朋輩た

＊26　松村喬子「地獄の反逆者＝人生記録＝」（連載第二回）『女人芸術』一九二九年五月号、一〇六頁。
＊27　同前、一〇五頁。
＊28　同前。
＊29　八木秋子「編集後記」、『女人芸術』一九二九年四月号、一五六頁。
＊30　『婦女新聞』一九二八年一月二二日。

ちと冗談を言いあう、決して犠牲者のイメージには収まらない人間としての娼妓たちの姿である。

4　娼婦から娼婦たちへ

物語の終盤、逃走前夜に歌子は妓楼の一室に娼妓たちを集めてつぎのような演説をする。

皆、考えましょう。少しは強くなって下さい。いつ迄もそんな弱々しい事ではいけません。だから悪い処や気に入らぬ処はしんしんとそれは一人ではだめです、皆が力を合わせなければならないんですが、お父さん（楼主のこと――引用者注）の処へ云っていくのです。そして、悪い処はなおしてもらう様にするのです、今だってたくさん悪い処はある。
一、借金が少しも減らないから、利子は取らない事
二、病気の時は絶対に客を取らさない事
……等、まだまだたくさんありますがそれだけでも一時も早く皆で頼めばキットその中の五や六つは聞入れます。*31

最終的には十箇条に及ぶ具体的な要求項目を示すこの場面で、歌子が楼の娼妓たちに呼びかけ

ているのは、団結と直接行動による状況の改善である。ここでは、娼妓たちは状況を変革していく主体としてとらえられている。それだけでなく、この場面が特別な意味を持つのは、ここで歌子が発している言葉が、そのまま読み手となる可能性のある、実際の遊廓のなかに生きる娼妓たちへのメッセージとなっているからである。そこにはかつての松村の経験——遊廓のなかで森光子の告白を読む——が反映されていることは疑いようがない。

連載をはじめて間もないころ、松村はひとりの娼妓からの手紙を受け取ったという。客に松村の連載の話をきいた羽衣という娼妓は、「姉さんのかいた本をお客さんからもらってよみました。ほんとうに本にかいてあるとうりです。あれをみていよいよ私もでるけっしんをしました。この次の本がでるのをまちどうしくおもいます」[*32]と手紙に書いている。羽衣がその後どのように生きたのかは、記録が残っていないが、松村の〈声〉は歌子という架空の人物の言葉をとおして、たしかに遊廓のなかに届いたのである。

松村は一九三四（昭和九）年を最後に労働運動の表舞台から姿を消している。それは、一冊の本だけを残した村崎静子とも、一九二〇年代には廃娼世論の高まりのなかで注目を集めながらも一九三〇（昭和五）年以降の消息がわからない森光子とも同じである。松村が作品で表現した言葉は、いまほとんど歴史のなかに埋もれてしまっている。[*33]

＊31　松村喬子「地獄の反逆者＝人生記録＝」（連載第六回）『女人芸術』一九二九年九月号、一〇一頁。
＊32　『女人藝術』一九二九年七月号、一一〇頁。

それでもたとえ一瞬であっても発せられた彼女たちの〈声〉に、注意深く耳を傾けてゆく必要がある。村崎が一葉の描く娼婦に自らの姿を重ねあわせ、森が「自分と同じ運命の人たちの、いままでたどって来た道を聞くこと……聞いて、その人に同情し、またその人に憐れまれるということは、今の自分にとって、唯一の慰めになる」*34と書いた絶望的なまでの孤独感や、松村が「周囲の人等は、私が一度廓に居たことがあると云うだけの理由で、冷たい眼で見、誰も親しく交わってくれ」*35ないと批判した状況は、決して過去の一瞬のものではなく、いまも続く問題である。

『セックス・ワーク――性産業に携る女性たちの声』のなかでプリシラ・アレキサンダーがいうように、売春をしている当事者が「それぞれ自分の声で発言しないかぎり、この状況はかわらない」*36。だからこそ、歴史の沈黙のなかに、かすかにこだまする過去の娼婦たちのさまざまな〈声〉を現在という時間に強く響かせてゆくことは、女性史研究の大きな使命になるのである。

＊33 松村喬子『地獄の反逆者＝人生記録』は琥珀書房より近日初公刊予定である。
＊34 森、前掲『光明に芽ぐむ日』、一一五頁。
＊35 『婦女新聞』一九二八年一月二二日。
＊36 フレデリック・デラコステ、プリシラ・アレキサンダー編、前掲書、二二一頁。

おわりに 〈声〉に耳を傾けること

歴史叙述と小説の境界から

いつまでもいつまでも待っていると、女たちの声が、一人、また一人とやってきて、わたしを通して語るのだ。
しかし、それは声というだけではない。それは身体を通して伝えられる知識だ。身体は物語であり、声がそれを語るのだ。

——アーシュラ・K・ル＝グウィン*1

＊1　アーシュラ・K・ル＝グウィン『ファンタジーと言葉』青木由紀子訳、岩波書店、二〇〇六年、三一九頁。

I　固有の経験

ミネアポリス、夜。街には零下二〇度の風が吹き抜けていくけれど、部屋のなかはセントラルヒーティングで暖かい。部屋というよりは、屋根裏のような狭い空間に、友だちのハイディと、会ったばかりの青年と一緒にいる。ハイディの話では、その青年は高校のころから友人で、英語があまりわからない留学生のわたしでも二人が楽しそうに言葉を交しているのはわかる。

一九九九年、年が明けてすぐ、もう名前も忘れてしまったその青年に、どうしてハイディが引き合わせてくれたのかよくわからなかった。ハイディの日常の生活サイクルに入り込んだだけかもしれないし、あるいはハイディが京都に留学していたころ、ジュディス・バトラーやクィア理論に興味があると伝えていたからかもしれない。その青年はゲイというセクシュアリティをオープンにしていた。よそ者のわたしにも身構えることなく、とても穏やかな声で話してくれた。

二人の会話をきいているとこっちをむいてハイディがいった。

「〇〇は高校のときカムアウトしたの。そうしたら、たくさんの友だちが離れていったんだ」

いつもは冗談ばかりいっているハイディの声のトーンが少し沈んでいた。その声をきいた瞬間、わたしのなかに、高校時代に、その青年が感じたであろう、絶望的な孤独と、それをすぐ近くで見ていたハイディの感情が流れ込んできたように感じた。もちろん、ほんとうの孤独は当事者にしかわからない。それでも、震えるハイディの声をとおして、わたしはかすかに、しかしはっきりと、ハイディがその青年の孤独に寄り添うなかで過ごした時間の重みにふれた。

その青年の経験は、あるいは社会のなかでセクシュアル・マイノリティとして生きる人びとにとっては、ほとんど一般的な経験といえるのかもしれない。第三章でふれたアンティオーク大学のコミュニティミーティングの場で、多くの当事者が親や友人との断絶といった喪失を語っていたように、わたしもその後の人生で何度も何度も耳を傾けることになる語りである。

しかし、同時に、ハイディがその晩に語ってくれたのは、そのような一般化を許さない、固有の経験でもある。高校でその青年のカムアウトと友人たちの別離を目の当たりにして、そのなかで抱えた痛みや怒りとともに生き続けてきたハイディの〈声〉をわたしはたしかにきいたのだ。もし、それをマイノリティとして生きることの困難という形で一般化してしまったら、こぼれおちるものが多すぎる。だから、わたしは、その悲しみや怒りを語る言葉に注目する。それらの固有の表現が重なりあい、つながっていく地点に立ち現れるものを書き留めたいといつも考えている。その起点となるのは、いつでも〈声〉に耳を傾けることである。

それでは、いったい〈声〉に耳を傾けるというのは、どういうことなのか。歴史のなかの〈声〉をきこうとするとき、圧倒的な経験や時間の隔たりをどのようにこえるのか。またそれらの〈声〉をたよりに想像力によって女性たちの歴史叙述をおこなうことと、小説のなかで登場人物を描くことにはどのような差異があるのか。

これまでの歴史研究におけるさまざまな試みをふりかえり、日本の大学非正規労働者としての生活から厦門への移動と小説の執筆という自分自身の大きな変化も手がかりにして、その答えを探りたい。

2　隔たりを描く

日本の女性史研究で、社会の周縁に生きる／生きた娼婦たちが語る経験に焦点をあてた研究が登場したのは、おそらく一九六〇年代後半のことである。そこでは、一次史料（当事者が書いた日記や公文書等）の少なさや、書き手である研究者と記述される対象との隔たりをこえるためのさまざまな実践がおこなわれている。

近代以降、貧困のなかで海を渡り、おもに東南アジアで娼婦として生きた、「からゆきさん」と呼ばれる女性たちの研究のなかで、山崎朋子は天草の天主堂のなかで無心に祈る年老いた農婦の描写から『サンダカン八番娼館――底辺女性史序章』（筑摩書房、一九七二年）を書きはじめる。

夕日が山の肩にかかったからかしだいに暗くなっていく天主堂のなかで、わたしは、新たな思いで心に誓った――この年老いた天草の農婦の声なき祈りを聞き分けること、それが女性史研究を志すわたしの〈仕事〉なのだ、と。そして、ようやく祈りを終え、ロザリオを納めて立ち上がったくだんの農婦が、闖入者のわたしを咎めもせず、あるかなしかの会釈をして天主堂から去って行っても、なおわたしは、その場を動くことができなかったのであった[*2]。

その農婦がからゆきさんであったのかはわからないが、幾筋もの太い皺が刻まれた顔と、柄違いの継ぎ布があてられた服に、山崎は貧しさを生き抜いてきた女性の生を想起する。山崎の小説的なモノローグはやや時代がかっているが、「声なき祈りを聞き分ける」という表現は女性史研究という分野の特徴を示している。とくに遊廓のなかの女性たちの歴史についていえば、長い間だれもきこうとしなかった経験（それは女性たちが語る声を持たない、とみなされることと表裏一体である）を探り、それを書き留めていくことが出発点になる。とはいえ、「声なき祈りを聞き分ける」という詩的なイメージに反して、実際に山崎がそこでおこなった調査は、はるかに生々しく、したたかともいえるものである。

山崎は天草への旅で、かつてボルネオ島のサンダカンという街で娼婦をしていたおサキさんという女性に出会った。研究者としての身分を明さないまま、すすめられるままにおサキさんの家――葺き替えていない堆肥の塊のようなかやぶき屋根にヒメジオンやシダ類が生い茂り、畳はムカデの巣と化したあばら家――を訪れ、寝食をともにする。

＊2　山崎朋子『サンダカン八番娼館――底辺女性史序章』筑摩書房、一九七二年、八頁。

その三週間の共同生活でききとったおサキさんの天草弁の語りが『サンダカン八番娼館』の主要部分である。しかし、それは調査として切りだされたものではなく「共同生活者として、出来ることなら知って置きたい――というふうな態度で、折にふれて訊ねた」ものを、「翌日ひとりになったときを見はからって必死のいきおいで便箋に書きつけると、それを村のポストに投函する」*3という形で収集された証言であるから、ききとったというよりも盗みとったという印象すら受ける。

しかし、わたしはここで現代の視点から山崎の研究倫理を問いたいわけではない。それよりも、山崎がおサキさんの語りだけでなく、共同生活の現場を描きだしていることに、より広い意味での〈声〉をきくということの可能性を見る。〈声〉は字義どおりの語りだけに限定されるものではなく、そこでは生活という直接的なかかわりをとおして、身体に響いてくる〈声〉である。

おサキさんのこのような生活は、わたしがこれまでの生涯に見聞きしたかぎりにおいて最も貧窮の生活であった。だから、長く都市中間層の生活に慣れたわたしには、彼女との共同生活は、死ぬほど苦しかったと言わなければ嘘になる。わたしは、幾度、いや幾十度、自分のその苦しみをやわらげるために、金を出して白米をはじめ肉や魚などを買って食べ、材木を求め人を頼んで、簡単なトイレットを作ってもらおうと思ったかもしれない。それくらいのことならば、わたしの所持金の一部を割けば十分にできたし、また、そうすることが共同生活者としてのわたしの義務であるかもしれなかった。[*4]

そのように山崎は図々しいともいえるほどの率直さで、おサキさんとの生活を描写する。山崎が生活に関して自らの心境や感覚を描けば描くほど、その視線のむこう側にいるおサキさんの姿もまた浮かび上がってくる。読み手は、山崎の感覚をたどりよせながら、その生活の経験に刻まれた、おサキさんの生を〈読んで〉いくのである。

一方で山崎の記述が、読み手にどこか独特の不安感を与えるような要素を持っているのもたしかである。感傷的な山崎のモノローグが没入感を妨げるということもあるが、より本質的には、どれだけ山崎が共感的に語っても、最後の最後までおサキさんの心境にはたどりつけない部分があるからだ。

おサキさんの目には山崎の姿はどのように見えていたのだろうか。滞在の最後の晩、東京で暮らす研究者であるという自らの身の上を泣きながら打ちあけた山崎に対しておサキさんは、「うちやおフミさんのことを本に書くちゅうことじゃが、ほかの者ならどうかしらんが、おまえが書くとならなんもかまわんと」[*5]と答えたという。山崎はその言葉によって、おサキさんの証言を出

＊3　山崎、前掲書、六一、六二頁。
＊4　山崎、前掲書、五七頁。
＊5　山崎、前掲書、二四八頁。

版するというお墨付きを得たわけだが、山崎の記述によるとおサキさんは字を読むこともできないという。「ほかの者ならどうかしらんが」と山崎に語ったとき、おサキさんはほんとうのところ、経験を本として出版されることをどう感じていたのかは、やはりわからない。そこには、どこまでいっても埋められない隔たりがある。

しかし、逆説的だが、その隔たりが垣間見えてしまうところに『サンダカン八番娼館』の歴史研究としての魅力がある。隔たり、つまり歴史のなかの他者があくまで完全には理解しえない存在であること、けっして埋めることのできない〈空白〉があること。そこに安易な共感を許さないような、おサキさんの固有の生が息づいていると感じる。

3 弘前にて

おサキさんの話を直接きくことのできた山崎とは異なり、二〇〇〇年代中ごろから本格的に近代の遊廓の研究をはじめたわたしには、話をきくことができるひとがほとんどいなかった。研究を進めるなかで一九二〇年代半から一九三〇年年代初頭にかけて、遊廓でも多くのストライキや集団逃走が起こったということはわかってきたが、その時点で当事者が生存している可能性はまずなかったし、たとえ生きていたとしてもみつけだす方法がなかった。わたしが史料のなかの〈声〉に注目するようになったのはほとんど必然であった。

最初に史料のなかの女性たちの〈声〉が語りかけてきたように感じたのは、二〇〇八年三月に、史料収集のために青森県の弘前市を訪れたときである。弘前大学図書館での作業を終えて、まだ雪の残る夕方の国道を市内にむかって歩く途中、繁華街の土手町に入ろうかというところで、ふいに大学図書館にこもって読んでいた新聞の記事が意識に浮上してきた。それは「女優を夢み酌婦二名逃走」(『弘前新聞』一九二八年六月一一日)という見出しで報じられたほんの数行の記事で、そこには一九歳の二人の酌婦が、女優になるために前借金を踏み倒して弘前から逃走するが、盛岡駅で逮捕されたというほとんど事件ともいえないようなできごとが報じられていた。*6

──酌婦と呼ばれる女性たちの生活のリアリティも、同時代を生きたほかの女性たちと重なる部分があったのかもしれない。

ふとそう考えた。そのとき頭に浮かんできたのは、社会的には蔑視される酌婦という仕事で借金に縛られていても、女優に憧れたり、後先考えずに行動したり、自由になりたいと渇望する、人間的としかいいようのないような女性たちのイメージだった。

じつは女優に憧れて家や学校を飛びだす女性たちについての記事を見たのはそのときがはじめてではなかった。『佐賀新聞』(一九二六年七月一七日)には、「女優を憧れ成美女学生の家出/最

*6 酌婦というのは銘酒屋で売春をおこなういわゆる私娼と呼ばれる女性たちのことである。家出でもなく、学校の寮で暮らしていたわけでもない女性たちが「逃走」と報じられていることが、かの女たちが一般的な女性労働者とは異なる拘束のもとに置かれていたことを示している。

初は巧みに抜け大阪で女給勤め中連れ帰る／十五日の夜行で再度の家出／門司で取り押さえられ失敗」という見出しで、一七歳の女学生が友人と家出をして、大阪で女給をしているところを連れ戻されたという記事が掲載されている。別々の場所で、異なる状況を生きる女性たちの行動や言葉が、その酌婦をめぐる記事を見つけたことできれいにつながりはじめた。

そのころに読んでいた森崎和江の『からゆきさん』（朝日新聞社、一九七六年）に印象的な一節がある。

> からゆきさんは誘拐者の口車にうかうかとのっているようだが、一般に国内の出稼ぎも口入屋をとおすほかにすべのない時代である。まして海のそとへのさそいは、だまされるかもしれなくとも、そこをふみこえねば、道がひらかれぬ。そののっぴきならぬ立場にたっても、なお心にゆめをいだいていた娘たちのその幻想をおもいやる。おなごのしごとをしてもなお、苦海を泳ぎわたって生活の場をきずこうとした人びとの、切ないまなざしを感ずる。
> そのかたちなき心の気配。そのなかへはいってからゆきを感じとらねば、売りとばされたからゆきさんは二度ころされてしまう。一度は管理売春のおやじや公娼制をしいた国によって。二度目は、村むすめのおおらかな人間愛をうしなってしまったわたしによって。[*7]

森崎は、外側からは容易に口車に乗せられているように見える少女たちが、「海のそと」にいだいていた憧憬を肯定的に描こうとする。先にふれた山崎が「声なき祈りの声をきく」と書いたのに対して、詩人である森崎は「かたちなき心の気配」という言葉を使っている。ここで森崎が海を渡った女性たちを「心にゆめをいだいていた娘たち」とていねいに語るとき、そこで想起される少女のイメージと、弘前でわたしが新聞記事を読むなかで思い浮かべた女優に憧れる酌婦たちのイメージは決して遠くないように感じた。圧倒的な困難のなかにいてもひとはなにかに憧れたり、「ゆめをいだいたり」する。その視点から遊廓のなかの女性たちの言葉や行動を見ていく必要があると気がついた。

弘前から帰って以降、遊廓について報じる新聞記事を見るたびに、たとえ断片的な情報であっても、そこに生きる女性たちの姿を想像するようになった。より正確に表現するなら、それまできこえていなかった女性たちの〈声〉が響いてくるように感じた。それは作家のアーシュラ・K・ル＝グウィンが、小説におけるキャラクターの〈声〉について論じたエッセーのなかで語っている「言葉が身体を見つけて、物語を語り始め」[*8]るような感覚に近いのかもしれない。

＊7　森崎和江『からゆきさん』朝日新聞社、一九七六年、二二九頁。
＊8　ル＝グウィン、前掲書、三一六頁。

4 どこまで想像（創造）することが許されるのか

想像力をとおして〈声〉をきくというところでは、歴史叙述と小説の執筆にはどこか似たところがある。わたしは史料の壁にぶつかるたびに、何度も何度も女性たちの様子を想像し、できるならその想像も含めて記述したいと考えることもある。しかし、どこまで想像して記述することが、歴史研究においては許されるのだろう。

最近、イヴァン・ジャブロンカの『私にはいなかった祖父母の歴史――ある調査』（田所光男訳、名古屋大学出版会、二〇一七年）を読むなかで、その問いをあらためて強く意識した。ユダヤ人であったためにアウシュヴィッツに送られ、「孤児二人、手紙数通、パスポート一冊しか残さ」[*9]なかった祖父母の歴史を描くために、ジャブロンカは、祖父母が生まれたポーランドの街を訪れ、失われたユダヤ人街を歩き、当時の情景を想像的に描きだす。曾祖父にあたるシュロイメ・ヤブウォンカが暮らした家のなかの光景をまるで見てきたように描写している。

> ヤブウォンカ家ではお腹をすかして床につくことはないが、家は小さく、家具も貧しい。悪天候の時はみんな家の中に留まっている。というのも、靴底にくっついた雨や雪のせいで、土間はすぐにぬかるみになってしまうからだ。それでも食べ物を買ったり、トイレに

行ったり、水や薪を探しに行ったり、宗教儀礼に赴いたりするには、やはり外に出なければならず、一日の終わりに唯一きれいな場所は食堂のテーブルの下になる。子供たちが遊ぶのもまさにそこだ。*10

この記述は想像力によって補われているというより、むしろ創作されたシーンが読み手に提示されているという印象すら受ける。

そのようにジャブロンカの歴史叙述を特徴づけるのは、ほとんど小説的ともいえる書法で描かれた、想像的（創造的）な場面である。*11 とくに印象的だったのは、一九四三年三月二日、パリで逮捕された祖父のマテスと祖母のイデサが強制移送列車でアウシュヴィッツに送られる場面である。

＊9　イヴァン・ジャブロンカ『私にはいなかった祖父母の歴史――ある調査』田所光男訳、名古屋大学出版会、二〇一七年、三頁。
＊10　ジャブロンカ、前掲書、一三頁。
＊11　むろんジャブロンカは従来の歴史学の手法も踏襲した上で、新たな書法による歴史叙述をしているということには留意が必要である。当事者の史料の空白を埋めるために、祖父母が生まれたポーランドの村の戸籍簿、職業年鑑、警察の報告書、司法書類、アウシュヴィッツ関連の公文書、目撃証言、個人のさまざまな回想記などありとあらゆる史料にあたっている。

子供、家族、友達、自分の名前を知っている人、自分のことを見たことがある人、生活していた部屋、ベッド、ミシン、日々の活動、こうした一切が、列車が揺れるたびに遠ざかり、逃げていく。それらはもう自分のかつての生に属している。自分は今、執行猶予の体がいくつも雑然と積み重なる中にたった一人。向こう側へ来てしまい、起き、働き、明日のことを思って眠りに就く人々の生きている世界には自分はもう属してはいないという不幸と苦しみ。その時、身体的苦痛が支えとなる。「移送の間、そしてその後で、底のない絶望の中に落ちることを妨げてくれたのは、まさにその欠乏、打撃、寒さ、喉の渇きであった」と一年後の一九四四年二月、フォッソーリ収容所から強制移送されたプリーモ・レーヴィは書いている……そして移送は続く。板の隙間や天窓を通して、マテスとイデサは風景や駅や村や森が流れていくのを見る。今、列車は夜の平原を走っている。寒さの匂いが鼻を刺す。列車はスピードを落とす*12。

ここでは、記述者の視点は、移送されていく祖父母も含めたユダヤ人たちの視点、肌感覚と重なりあう。強制移送という行為の暴力性と絶望的な孤独感が迫ってくるシーンである。

しかし、この描写を目にしたとき、はたして、ここまで死にむかう人びとの〈声〉を語ってしまっていいものだろうかと感じた。感覚的にいうならこの記述は歴史叙述の「外側」に出てしまっている。史料の証言を伝えることと、それを物語的手法で配置することには大きな距離がある。

この場合、二人が移送されたということは、入口と出口の史料に確認することができる。そして、わたしたちは、この列車の行き先を知っている。つまり、この記述の先にある絶望から、かの女／かれらに共感しつつ、この場面を読むことができる。しかし、実際にはその間をつなぐ史料がない以上、本来そこは埋めることのできない空白である。たとえば、列車には板の隙間もなく風景は一切見えなかったかもしれない。あるいは、少しでも希望をつなごうと側にいたひとたちの断続的な会話に耳をすませていたかもしれない。それは語る〈声〉がない以上、完全に失われた経験である。

ホロコーストという圧倒的な暴力の前に死んでいったひとたちの歴史は重く胸に響いてくる。ホロコーストをテーマにした物語や映画も数多くつくられている。しかし、実際に歴史のなかで死んでいったひとりひとりの人間は、悲劇や感動の物語を生きていたわけではない。死にゆくその瞬間まで、そのひとだけの固有の生を生きていたのである。その点で、歴史研究者の藤原辰史が「無数の無名の人間たちの物語が読者に容易に感動を与えないようにしてこそ、歴史の中で唯一無二の存在として存在したという尊厳を与えることになるのではないか」*13と批判的にジャブロンカに言及していることにわたしも強く同意する。

簡単には共感したり理解したりはできない歴史のなかの他者の、沈黙は空白として描写するこ

*12　ジャブロンカ、前掲書、三一一、三一二頁。
*13　藤原辰史『歴史の屑拾い』講談社、二〇二二年、一七五、一七六頁。

と。その空白は、死んでいったひとたちを想像する契機にもなる。読み手が、歴史のなかの他者との想像的なつながりをつくっていくことを、研究者があらかじめ奪うべきではない。それは多くの点で重なりあうところを持つ歴史叙述と小説の、小さいようで、本質的に異なる地点であると感じている。

5　つながらない点と点

ところで、わたしが歴史研究では描くことのできない空白が存在すると明確に意識したのは、やはり弘前での、もうひとつの発見がきっかけだった。

弘前大学図書館での調査で、「娼妓の感想／弘前北廓のある女」という記事が一九二六年七月二七日から三日間にわたって『弘前新聞』に掲載されているのをみつけた。投書の冒頭には「公娼制度改善――更に進んでは公娼制度の廃止の声が各方面からあげられている昨今当地方民は余りに無関心すぎると、本市北廓に身を沈めて荒波と闘っているある女は左の一文を本誌に寄せた」という記者の簡略な解説が付されている。その内容は、娼妓として感じる日々の苦しさ、社会的な蔑視への憤り、同時期の廃娼機運の高まりへの感謝と、娼妓たちの行動の呼びかけと多岐にわたるものだった。名前は匿名になっており、記者が編集可能な新聞に掲載されている以上、書かれていることをそのまま事実としてとらえることはできないものの、同時期に森光子や松村喬子が書いたものとも共通する部分が多いので、おそらく遊廓のなかの女性が書いたものであると思われる。

投書のなかで印象的だったのは「有る知人から新聞の切りぬきを送って戴き、四五日はおくれて居ますが、とにかく私共が見逃してはならぬ問題を知る得る事が得た」という部分である。というのも、弘前遊廓では投書の翌月に遊廓からの集団逃走事件が起こるのだが、その報道のなかで、逃走後の楼の机に遊廓関連の新聞記事の切り抜きがあったと報じられているからである。

娼妓は日頃新聞などにも遊廓問題や娼妓の待遇問題などが掲載されているのを見て、直接関係がある処から記事を切り抜いてブックにしていた者がある程で……。

（『弘前新聞』一九二六年八月一八日）

同様の記事は「逃亡した後に切抜帖のみ／目星い物は全部持逃げ」という『東奥日報』（一九二六年八月二〇日）にも確認できる。七月末の投書に書かれていた、知人に遊廓の改善関連の記事を送ってもらった、という記述が実際にありえたという裏付けになるのと同時に、新聞をとおして外部の情報を積極的に取り入れている娼妓たちがいたということもそれらの記事からわかる。

投書と切抜帖の発見という孤立したふたつの点を強引につなげれば、投書をおこなった娼妓が逃走した娼妓に含まれたかもしれない、といえるかもしれない。あるいは、投書の内容からいって教育程度の高い娼妓が書いたことはほぼまちがいなく、新聞に掲載された廃業届を執筆したのはその娼妓だった可能性もある――。想像はどこまでも広がるが、点と点をつなげる史料がない以上、歴史研究で書けるのはあくまでそれぞれ個別の記事があった、ということだけである。先ほど見たアウシュビッツへの移送列車の場合と同じように事実が異なっている可能性もやはり想像できるからだ。

結局、遊廓から逃走した娼妓たちに関しても、八名のうち一名が自由廃業し、三名が楼に戻ったということしか新聞で確認できなかった。残り四名についてはその後二年間の新聞記事を見たがどこにも書かれていなかった。

それは完全な空白だった。追っ手から身を隠す必要のあった娼妓たちが表舞台に登場することはまず考えられなかったし、そのまま行方をくらますことができたのなら当事者にとってはそのほうがよかっただろう。

同じような例はその後研究をすすめるなかで無数に出てきた。わたしは途切れてしまった足取りはそのままにして、また新しい史料を探すということを繰り返した。気がつけば、空白ばかりの巨大なパズルのなかで生活しているようだった。

6　歴史と生活が交差する地点に響く〈声〉

そのようにして収集した女性たちの断片的な生の痕跡が、わたしの生活とつながりはじめたのは、長い大学非正規生活の果てにたどりついた福建省の厦門でのことである。

二〇一九年一月、授業のための日本語教材と数枚の着替えだけ入れたスーツケースひとつ持って、厦門高崎空港に降り立った。その直前にトランジットで数時間過ごした高雄の三二度とはうってかわって、厦門の気温は一五度、南国と思って油断していたがまったく普通の冬だった。すぐに授業がはじまり、毎日のように雨が降る三月をこえて、海からの風が熱気を帯びて感じられる四月になるころには、体のなかになにかが戻ってくるのを感じた。

学生たちはおおらかで優しかった。メーデーの連休明け、泉州の実家から巨大なタッパーに入れた餃子をお土産に持ってきてくれた学生がいた。山東省の学生は、実家から届いたという籠に入ったサクランボを届けてくれた。厦門の南、漳州の山桃農園が実家という学生の家に、船とバスと、車を乗り継いで三時間近くかけて訪れ、大雨のなか学生たちと山桃摘みをした。その学生たちが広州の大学でおこなわれる日本語学科の技芸コンクールに出場するときには録音を引き受けたりもした。

気がつけばわたしの生活は、亜熱帯の美しい自然に包まれて、エネルギーに満ちた人びとが躍動する現在と、本書の冒頭でふれたような軍事占領の歴史が交差する地点にあった。夜、ひとりきりの部屋で授業準備を終えたあと、いつのまにか小説を書くようになっていた。そのころの日記には毎日小説を書くことに没頭している様子が描かれる。二〇一九年一一月二八日には「物語が自分から生まれつむがれていく感覚というのは独特だ。何もなかったのに、ちょっとまえまでそこにいなかったのに、会話が、リズムが、自分も知らない人生が生まれている」と走り書きがある。

それから第一章で書いたように、パンデミックの時代になって厦門に帰れなくなり、再び京都での生活がはじまった。二〇二〇年の一二月には、子どもが生まれた。『楊花《ヤンファ》の歌』という、のちに第三五回小説すばる新人賞を受賞することになる作品を書きはじめたのは、厦門を離れて半年後の初夏の夜である。

五ヶ月の子どもを寝かしつけて、暗闇のなかで光るマックブックのキーボードを叩く。子どもが目を覚ましたらまた眠るまで背中をさすり、寝息をききながらまた再開する。それは、『ゲド戦記』に憧れてはじめて小説を書いた一三歳のときとはまったくちがった経験だった。書いている状況がちがうのはもちろんだが、キャラクターが、比喩ではなくて動きだしたように感じた。描きだされる世界のなかで、研究や日々の生活で出会ってきたさまざまな〈声〉が直接生命を持って語りだしたようだった。なによりも女性史研究のなかでは途切れ途切れであった〈声〉が小説のなかではひとつながりの物語となって響きはじめた。

いまわたしは、そのころを懐かしく思いだしながら、『星の王子さま』について語るル＝グウィンの言葉を想起する。

アントワーヌ・ド・サン＝テグジュペリは実際、一九三〇年代に一度、砂漠に不時着して、死にかけたことがありました。これは事実です。そこで、他の惑星から来た小さな王子に出会いはしませんでした。サン＝テグジュペリは恐れ、渇き、絶望、そして救いを体験しました。そして、事実に基づいた見事な体験談を『風と砂と星と』（『人間の土地』）で書いています。けれども、もっと後になって、この体験は堆肥をほどこされ、形を変えられ、変化して、小さな王子をめぐる幻想的な物語になったのです。想像力が経験に働きかけます。発明は開花します。バラのように、現実という砂漠の砂のなかから咲き出るのです。*14

書き手であるサン＝テグジュペリが体験した事実に、堆肥をほどこすこと、想像力によって働きかけることによって、物語が生まれたのだという。サン＝テグジュペリは文字どおりの砂漠に迷い込んだが、わたしは砂漠という響きに、かつての大学非正規時代を思いださないわけにはいかない（期せずしてわたしは非正規がつぎつぎに雇止めになる大学の環境を「荒野」という言葉で表現していた）。しかし、荒野のなかでさまよっているときにはなにも物語は生まれてこなかった。おそらくサン＝テグジュペリもそうであったように、まずは生きてそこを逃れることが必要だったのである。ブーゲンビリアやプルメリア、木綿花といった鮮やかな花々が咲き誇る亜熱帯の都市で、その土地に響く歴史の〈声〉にふれるなかで、長い間凍えていた想像力が一気に開いていくようだった。

わたしは、そうしてはじめて、女性史研究とはまたちがった方法で、固有の生を、経験を、想像力によって描きはじめたのである。

*14　ル＝グウィン、前掲書、二九一、二九二頁。

おわりに——ひととひとをつなぐ〈声〉

さまざまな記憶を手がかりに〈声〉をめぐる思考の旅を続けてきた。弘前や厦門での経験や大学非正規労働者として過ごした日々を、あらためてふりかえってみると、研究ではなく、生活に響く無数の〈声〉をきくなかで、自分自身の生が形作られてきたのだということに気がつく。〈声〉に耳を傾けることは、それ自体が他者の思考や経験に自分が開かれていくような経験としてあった。そのことをあらためて意識した最近のできごとに最後にふれておきたい。

二〇一九年一二月、厦門から京都に帰る途中、那覇に立ち寄った。それまでも毎年のように、その土地に住む友人たちに会いに訪れていた。夕方の風が吹く美栄橋駅の改札を出た橋の上で、かれは待っていた。かつてわたしが働いていた大学を三年生で中退し、故郷である沖縄に帰り、小説やエッセーを書いていた。

適当に飛び込んだ久茂地川沿いの居酒屋で、『沖縄タイムス』に寄稿したコラムを広げて、うれしそうに語る様子を見ながら（もっと小説を書きたいという話が中心だったと思う）その熱気に影響されたのか、わたしは厦門で書きはじめた小説を書きあげなければ、と漠然と感じていた。いつもと同じように美栄橋駅で手をふって別れた。それが最後になった。

『ぼくたちが自由を知るときは』（ボーダーインク、二〇二〇年）は、二〇二一年五月一三日に三〇歳の若さで亡くなった湧上アシャの遺作である。主人公の金城荒野と仲間たちが集う映像制作グループ〈アイランド・ラボ〉に、台北出身の留学生が参加し、アイリーン・カンナビスというアーティストとして活動していく様子を描く青春ストーリーである。物語の終盤、荒野が制作した映画上映のタイミングを探っているとき、石垣島の自衛隊基地にミサイルが着弾するという、ひとつの日常の終わりが描かれる。*15

次の日の新聞には〈石垣島の自衛隊基地にミサイル着弾〉と書かれている。荒野は、31のとき以来の衝撃に目が覚めた。TVもニュースもその報道一色になる。そして与党はそのあいだにショック・ドクトリンで911以降のアメリカのように普段通らない法案を可決させた。まるでブッシュ政権時の「反邪悪法」のようないわゆる「国家治安維持法」が通過した。それで荒野は気づいた。この島にいてはわからないが、この国にはまだ戦争したい、日本を世界の中心にしたい輩がまだ多くいることを。*16

---

*15 ただし、作品は、丸いメガネをかけた青年（主人公の荒野を彷彿とさせる）の映画の開始を告げるプロローグと、エンドロールのあとに再び青年が登場するエピローグに挟まれた劇中劇のスタイルをとっている。つまり読み手には、終盤に描かれるミサイルの着弾から最終シーンにいたるまでの展開が、冒頭に登場する語り手が創作した映画であると読む余地が残されている。

*16 湧上アシャ『ぼくたちが自由を知るときは』ボーダーインク、二〇二〇年、一八四頁。

石垣島にミサイルが着弾したという事件を描く語り手の視線は、発射した側ではなく、そのことを口実にすすめられる急速な軍事化へとむけられる。それは、常に日本という〈中央〉によって翻弄されてきた〈周縁〉の視線であるだろう。「沖縄のメディアは反戦を訴えているが、街中では進軍ラッパや君が代が大音量で流れている」*17「〈空港閉鎖!〉〈物流ストップ!〉〈石垣で放射線濃度……〉沖縄が切り捨てられていく。金も、食うものも、労働力もない沖縄に、内地からイージス艦、潜水艦、輸送ヘリや戦闘機、兵士がやってくる」*18。そこで描きだされる戦争のイメージがきわめて強いリアリティをもって迫ってくるのは、かつて本土防衛の捨て石になり、その後も絶えず戦場に兵隊を送り続ける米軍基地が存在する沖縄という土地の歴史を、語り手もまた日常的に生きているからにほかならない。

そんな状況のなかにあっても湧上の作品で描きだされる登場人物たちの行動は、非暴力の反戦という希望に開かれている。戦争前夜の米軍基地のカーニバルで、ステージを乗っとったアイリーンは騒然とする観客の前でジョン・レノンの「イマジン」を歌い、荒野はその場面を撮影する。前作『ブルー・ノート・スケッチ』(ボーダーインク、二〇一九年)においても、主人公の少年が、普段は穏やかな祖父の声を上げる姿にひきつけられるように、ヘリパッド建設反対運動の現場に飛び込んでいく姿が描かれていた。

語り手であるかれは立ち去ってしまい、いまわたしの手元には、作品のなかで語られた希望と、記憶のなかに残る〈声〉だけがある。ここからどう言葉をつむいでいけばいいのだろう。メディアの状況を見まわせば、元首相の国葬が大々的に中継される一方で、沖縄の慰霊の日は中継されることもなく、ネットのなかでは反基地運動を揶揄するような人間がもてはやされるという徹底して荒廃した風景が広がっている。沖縄という土地に深く刻まれた戦争の、剥きだしの暴力の歴史への無知に直面するたびに、かれがフリーペーパーのなかに残した〈声〉がまた響いてくる。「「戦争はだめ」祖母はひ孫に――そして僕にかもしれないが――それを繰り返す。これが小さな老婆から発せられたのかというほど、その言葉は重かった」「こんなに美しい島はほかにないのに。二十一世紀なのにいまだに植民地のこの島……戦争を経験した世代、そのあとのやくざ戦争を経験した世代。彼らがフェンスの前でなにかをうったえている。ぼくら若い世代はそれを受け止めて、なにかかえさなくてはいけない。そんな気がする」*19。そこに残されているのは、植民地支配と地続きの文化状況を生きるわたし（たち）に投げかけられた重い言葉である。

再びル＝グウィンの言葉を引くなら、「耳を傾けることは反応ではなく、結びつくことである」という。会話や物語をきいているときわたしたちは、その場でおこなわれる行為の一部として参加している*20。つまり、〈声〉は語り手と耳を傾けるひとをつなぐものでもある。

だからこそ、響いてきた〈声〉をしっかりと記憶し、途切れさせることなく描きだしていきたい。ものを書くという行為はたったひとりからはじまるけれど、かつて遊廓のなかを生きた女性

*17 湧上、前掲書、一八四頁。
*18 湧上、前掲書、一八七頁。
*19 湧上龍人（当時のペンネーム）「白浜の裾」『イツカノユウグレ』第一〇号、二〇一五年一一月、一八頁。
*20 ル＝グウィン、前掲書、二〇三頁。

たちが書いた作品が、異なる場所に生きる女性たちをつないでいき、はるか隔たった時間に生きるわたしの元に届いたように、厦門の友人の語る島の人びとの歴史がひとつの作品にむすびついたように、〈声〉はさまざまな隔たりをこえて、人びとの生を、さまざまな物語をつないでいくだろう。

いま、わたしは初夏の京都の森のベンチに腰掛けて、いつかの美栄橋駅の高架橋を思い浮かべる（それはまったくありふれた建造物だ）。見上げると暗闇のなか、牧志駅のほうからカーブを曲がって、明るい光をともしたゆいレールが静かにホームにすべりこんでいく。駆け足で改札を走り抜けふりむいて手をふる。ホームに続くエスカレーターが上がっていき、やがて橋の上に立つかれの姿は見えなくなる。それでも、そのイメージはいつまでも残響のように残り続ける。そして、残された言葉と、体に刻まれた記憶を手がかりに、わたしは、また言葉を探しはじめる。かつて語りかけてきた〈声〉、生活のなかに響き続ける〈声〉を描きだすために。そうして書き留められた言葉が、まだ知らないひとりひとりの生をむすびつけ、時間も空間もこえて響いていくことを信じている。

あとがき

厦門に住んでいるころ、沙坡尾《シャーポーウェイ》という海岸沿いの繁華街にたびたび遊びにいった。小さな水深の浅い港に、古びた漁船が停まり、その港を取り巻くように近代的な高層ビルがそびえる。入り組んだ小路には清の時代から変わっていないようなボロボロの家屋が立ち、その間を縫うようにおしゃれなカフェや、ブティック、日本風の居酒屋まで立ち並ぶ、そんな歴史とモダンな都市が混在するような地域だった。わたしを厦門に導くことになった、大学教員の友人と五月の爽やかなビアガーデンでお酒をのんだ。かつての缶詰工場跡がモダンにリノベーションされて、カウンターにはアメリカにいたころによく見たような地ビールのサーバーが並ぶ。友人は、沙坡尾は台風のときに船が逃げ込むための避難港として整備されたエリアなのだと教えてくれた。

亜熱帯の厦門には、強烈な台風がよく訪れる。二〇一六年に勢いをそがれないまま福建省の海岸沿いにやってきたムーランティと呼ばれる巨大台風が、大学構内も含めて厦門に壊滅的な打撃を与えたという話をたびたびきいた。街路樹は根こそぎ折られ、寮のガラスが割れたという。そのせいか、いまでもハリケーンの予報が出ると人びとはスーパーに買い出しに走る。棚のお菓子やカップ麺が大量になくなる。

ひとにも、人生にしばしば訪れる台風に避難港が必要なのだと最近よく考えている。ちょっとぼんやりしたところがあるな、と思っていた大学時代の友人が母親の自殺という経験をかかえていたことを知ったのは、はるかあとのことだ。感じることから距離を置いていたのかはわからない。それでも、ぼんやりとしかいいようがない世界との距離感が、ときどきかれに訪れるのを間近で見ていた。同じように、いつからか、わたしの精神も避難港に逃げ込んでいるのかもしれない。

それは、いったいいつからだろう。大学非正規の状況を変えようと必死になってものを書き続け、結局は雇い止めになったときか、そのしばらくあとに半年の看病生活もむなしく黒猫が死んでしまったときか、あるいはもっと前のアメリカ留学中の孤独か、ほとんど学校に行かずに過ごした一〇代前半のころか――。いつもひとより感じにくい部分と感じすぎる部分の隙間に立っているると感じることが多い。

大理石のブロックで造ったような建物を見ながら、真は降りる気にもならず、窓に凭れて、ただ、思いに沈んでいた。

いつか、汽車はきらびやかな建造物の林立する街から離れて、走り始めた。
再び、世界は深い闇につつまれた。
出口は見えない。
――どこまで、こんな世界が続くんだろう。

いまでは遠い昔、高校のころに書いた「夜汽車」という小説の一場面である。下関を出発した汽車は異世界に入り込み、そこに乗客として乗り込んできたペルシャの詩人オマル・ハイヤームやAC／DCのボン・スコットといった死者たちと対話するという、荒唐無稽な物語。そんなふうに主人公が、電車や部屋のなかから外の世界を眺めているというのは、その後も創作で繰り返し登場するモチーフになった。窓を隔ててその外のできごとと「対峙」する――そう、これもまた避難港のようなものかもしれない。距離をとることで、はじめて落ち着いてながめることができる。

そんな世界との距離感がどこからきているのか、うすうす感づいてはいる。たぶん思いだせるような特定のできごとではなくて、もう少し根源的なアイデンティティにかかわることなのだろう。そうは書いても、できればアイデンティティの話はしないでおきたい。あまり理解される気もしなければ、読み手にはあまり関係がないだろうから。なにをいっても自分の名前が日本では男性名になっている以上、発表した作品は、「男性の書いたもの」として受け取られるのは目に見えている。それでも、いまやジェンダー・アイデンティティがきわめて論争的なテーマになっている以上、書いておいたほうがいいのだろうとも感じる。

わたしはこれまで自分自身を男性だと認識したことがない。小さなころはおかっぱにしていて、よく女の子とまちがえられた。べつにどっちでもいいのに、と思いながら、はっきりさせたがる大人を滑稽に感じた。小学校には行かなくなり、そのうち家に遊びにきていた友だちの変化を見るなかで、男の子になる、というのはどういうことなのかをおぼろげながらわかってきた。男の子の身振りというのは、女の子を下位とするようなジョークや性的な話題の共有でなされるということを理解しはじめた（もちろんセジウィックのホモソーシャルという概念を知るはるかに前の話）。けれど、ほんとうに幸運なことに、ずっと学校に行かないままだったので、明確にジェンダー化される機会ももたず、さらに幸運なことに大学生になっても相当に「中性的」な見た目であったため、男性であることを押しつけられることも、期待されることもないまま、過ごすことができた（もちろんそのことは、男性としての特権と無縁であったという話ではない）。花柄のシャツを着て、黄色やピンクのベルボトムをはいて京都の街を歩いた。男性にはなりたくなかったけれど、かといって女性になりたかったわけでもない。そのような状態をどう名づけたらいいのかわからない。少なくともジェンダー・アイデンティティというのは、一般的に理解されているよりはるかに複雑で、繊細で、ほんとうは豊かなものだといいたい。

ずっと、鈴木いづみの「わたしは、男でも女でもないし、性なんかいらないし、ひとりで遠くへいきたいのだ」（鈴木あづさ、文遊社編集部編『いづみ語録』文遊社、二〇〇一年）という言葉に憧れている。しかし、実際には、ひとりで遠くにいくことはできず、社会とのかかわりのなかで知らず知らずのうちに感じ取っていたのは、自分の感覚がひととはちがっている、という孤立感だった。いまでもだれかに「お父さん」と呼ばれるとほかのひとの話にきこえるし、異性愛中心主義のなかで苦しんできた当事者の話をたくさんきいて、自分でも多くの言葉をつむぎ、ともに過ごすひとと言葉を重ねながら戸籍婚ではない生きかたを選んでいる。にもかかわらず、まわりからはいつも普通の家庭と見なされるので、常に葛藤をかかえている。

だからなのだろう、ずっとマージナルなもの、この世界に落ち着く居場所を持たない存在にひきつけられてきた。ネイティブアメリカンの文化に興味をもったところからはじまって、いつのまにか遊廓の女性たちの研究者になった。社会から疎外されたひとたちがどのようにして生き延びていたのか、そのことがいつも気になっていた。森光子が『春駒日記』のなかで大学生に投げかける「あなたなんか妾の気持がわかりっこないわ」という言葉は、ほんとうによく「わかる」。それは、森の心境がわかるということではなく、社会に受け入れられない、居場所がない、話す前から理解されるはずもないという孤独の感覚、そういった疎外の経験が、わかる、ということだ。その経験が、まわりとの埋めようのない隔たりが、わたしに文章を書かせたのだといまは思う。

はじめて小説を書いた一三歳のときから、わたしにとって、書くことはいつも自分を受け入れることだった。ものを書くということは、いつも自由だ。わたしはただテクストのおもむくままに、見たいものを見て、書きたいものを表現する。そこに描きだされたものをながめることで、はじめて自分と、そのまわりの世界の緊張を和らげることができる。この本の執筆過程で、森光子が小さな文机にむかってものを書いている写真を偶然発掘したとき、静かだけれど鬼気迫る雰囲気に圧倒された。そこには書くことそれ自体が生き延びることであるような生の輪郭がはっきりと映り込んでいるようだった。

いま、わたしは、会うこともかなわないまま若くして亡くなってしまったひとのニュースにふれて、深く沈み込みそうになりながら、この最後の締めくくりを書いている。沖縄という土地で生まれたこと、変化するアイデンティティを生きていたこと、新しい家族の形という言葉を使っていたこと、わたしが小説家としてデビューした号に対談が載っていたこと、はるかに遠いようでいつか話をしてみたいと漠然と思っていたひとだった。それはもうかなわない。それでも、わたしにできるのは、やはり書くことだけだ。だから、この本が、たったひとりで生きがたさをかかえているひとの避難港になってほしいと、心から願っている。

人生のさまざまな局面で書きためた文章が、今回こうして一冊の本という形になったのは、すべて青土社の村上瑠梨子さんのおかげである。国立の喫茶店「ロージナ」でのいちばん最初の原稿の話のときも、京都のライブハウスでの本書の打ち合わせのときもいつもしっかりと言葉を伝えてくださった村上さんに心から感謝を申しあげたい。川名潤さんには本書の概要ができあがってからほんとうに時間が限られたなかでのお願いにもかかわらず、まるで森光子の気迫がいまの時間に響いてくるようなすばらしい装幀を仕上げていただいた。はじめて出会ったときから二〇年以上が過ぎてようやく自分の作品をとおして再会できたということに深い喜びを感じている。

感謝を伝えたいひとを思い浮かべるときりがない。前著で謝辞が長いとおしかりを受けたので、生活にかかわるひとたちに絞って書くことにする。廈門という土地の暮らしから本書の〈声〉という主題は生まれてきた。そこにむすびつけてくれた蘇彦聡さんに感謝を伝えたい。そして、絵本の読み聞かせでもジェンダーバイアスのかかった表現をわざわざ修正していたという母の山家利子さんに、最初に書いた小説をていねいに論評してくれた父の山家悠紀夫さんに、心から感謝を。書くことをめぐる経験は、そこからはじまったと感じている。

執筆の合間のすてきなランチ空間であるグリル飛騨の服部裕子さんに、慌ただしい生活の避難港でもある、亀吉ハウスの小田研太郎さんと上野まどかさんに、原稿を書き上げた晩にすばらしい料理でフランスの初夏のムードを伝えてくれた由維さんと野々海くんに、感謝の言葉を申しあげたい。ちょうど本書の執筆期間に、あらためて書くことや読むことについて考える機会をつくってくれた、ホホホ座の山下賢二さん、園田建さん、小幡明さん、岡田芳枝さん、花伝社の大澤茉実さん、ぴえにかし文庫の次田史季さん、ヨナタンストアの奥田容子さん、清風堂書店の面屋洋さんにも心から感謝している。『楊花の歌』の読書会を企画してくれた社会科学研究会の盛岡晋吾さん、影本剛さん、下山勉さんにも感謝を。生活のなかで立ち止まって考えたり、一息ついたりする場所がなければ、どんな言葉も生まれてくることがないだろう。

まだまだ進む道に迷っているときに、小説を書くという表現を思いださせてくれた、いまは亡き作家の湧上アシャさんにもできることなら感謝を伝えたい。元非正規の同僚である文学研究者の吉田大輔さんの適切なアドバイスがなければ、やはり小説を書き続けることはできなかった。

ミモザ実行委員会のリボアル堀井なみのさん、レベッカ・ジェニスンさん、アリーン・コザさんには、翻案と朗読という形で森光子作品にあらためてむきあう機会をつくっていただいた。『現代思想』寄稿時から相談に乗っていただいた朴秋香さん、中谷康哉さん、加勢本藍さん、山田史郎さんにも感謝を。寺尾佳子さんには、期末の忙しいなか本書の原稿を見ていただいた。ともに台湾を旅した松本宝梅さんと松本健さんには北京語の翻訳についてアドバイスをいただいた。扉野良人さんには一九世紀厦門を描いた挿画を送っていただいた。ここに記して感謝したい。

最後に、いつも文章の最初の読み手になってくれる旅の道づれの松本めぐみさんに、そして、最近二歳半にしてはやくも自分の名前の文字を読むことがある悠凜さんに心から感謝を。気苦労はつきないものの、自分よりも先に進んでいく命を見ているのは、想像していたよりもいいかもしれないと最近考えている。

二〇二三年七月一四日　祇園祭の宵々々山に

初出一覧

はじめに　〈声〉をたどる（書き下ろし）
第一部
第一章　たったひとりにさせない／ならないために（『現代思想』二〇二〇年五月号）
第二章　だれが教育を殺すのか（『現代思想』二〇一八年一〇月号）
第三章　クィアがここに住んでいる（原題「Queers live here——不可視化に抗して」『現代思想』二〇一五年一〇月号）
第二部
第四章　遊廓のなかの「新しい女」（原題「遊廓を内側から「描く」——和田芳子『遊女物語』（一九一三）が切り拓いた地平」『女性学』第二五号、二〇一七年）
第五章　ものを読む娼妓たち（『女性学年報』第三八号、二〇一七年）
第六章　闘争の時代の余熱のなかで（『京都芸術大学紀要　Genesis』第二六号、二〇二二年）
第三部
第七章　共鳴する言葉（『現代思想』二〇一八年七月号）
おわりに　〈声〉に耳を傾けること（書き下ろし）
あとがき（書き下ろし）

＊　本書の収載に際して、適宜加筆・修正を施している。

カバー・表紙写真
カバー表 1 ／表紙 :「森光子近影」『婦人倶楽部』第 9 巻第 6 号（1928 年 6 月）
カバー表 4 :『大阪毎日新聞』1937 年 2 月 27 日（夕刊）

山家悠平（やんべ・ゆうへい）

1976年、東京都国立市出身。専門は女性史。京都大学大学院人間・環境学研究科博士後期課程修了。

現在、京都大学大学院人間・環境学研究科人文学連携研究者および、京都芸術大学、佛教大学等で非常勤講師を務める。著書に『遊廓のストライキ――女性たちの二十世紀・序説』（共和国、2015年）がある。また、青波杏名義にて『楊花の歌』（集英社、2023年、第35回小説すばる新人賞受賞）を刊行。

生き延びるための女性史

遊廓に響く〈声〉をたどって

2023年8月21日　第1刷印刷
2023年9月1日　第1刷発行

著者　山家悠平

発行者　清水一人
発行所　青土社
東京都千代田区神田神保町 1-29　市瀬ビル　〒101-0051
電話　03-3291-9831（編集）　03-3294-7829（営業）
振替　00190-7-192955

組版　フレックスアート
印刷・製本所　双文社印刷

装丁　川名 潤

Printed in Japan
ISBN978-4-7917-7576-7